［あじあブックス］
079

# 甲骨文の話

松丸道雄

大修館書店

# はじめに

本書は、中国で史実の確認できる最初の殷王朝（紀元前十四〜十一世紀）において、その王室で行われていた亀甲や牛の肩胛骨を用いて占いをした後に、何について占ったのかを記録として刻みつけた文字（＝甲骨文）の概略とその研究のあらましを紹介するためのものである。

古代において、動物の骨に神意が宿ると考えて、それを知ろうと「骨占い」をする習俗は、決して中国に独特のものでなく、広くユーラシア大陸全域に及ぶ。ただし、単に動物の骨を観察して占う場合、また骨全体を火中に投じて占う場合などが多いが、東アジアに特徴的なのは、骨の一部のみを焼灼《しょうしゃく》して生ずるヒビ割れ（卜兆《ぼくちょう》）によって判断する方法である。中国では早く新石器時代に、牛・鹿・羊・鶏の骨や亀甲などを用いた例が少なからず報告されており、日本においても、鹿骨・猪骨を用いた例が多数発見されている。その後も永く鹿卜、亀卜の風習は続き、朝廷においても亀卜の儀が残って、京都御所の紫宸殿前庭には今も「亀卜の座」と称する石が据えられており、大正天皇即位の礼に際しては、ここで亀卜の儀が行われた、という。中国殷代から現代日本に至るまで永続した驚くべき風習だと言えよう。

しかし、本書で述べるのは、このような骨占いそのものについてではない。殷代の王室で行われた骨卜においては、その卜兆を得たあと、占いの内容、つまり何について占ったのか、その結果は如何であった等について刻みつけた。三千数百年前に、動物の骨に刻みつけられたその文字は、実は中国最古の漢字だったのであり、その後少しずつ形を変え、またその数を増大させながら、延々と使い継がれて、今日我々が用いている文字そのものである。亀卜の風習と同様、漢字もまた殷代の文化に淵源をもつものであり、しかもこちらの方は今日の日本文化の極めて重要な骨格を形成している。

この文字は、十九世紀末に、中国河南省安陽市小屯村で、或る偶然から発見され、その後、続々と大量に発見され、また一九二〇〜三〇年代および新中国になってからは、繰り返し考古発掘され、この地が当時の都城であることも確認された。これによって、それ以前は史書には記されているものの疑問視されていた殷代も、その実在が確証されるに至った。

本書に輯《あつ》めた文章は、永年に亙《わた》って折々需《もと》めに応じて書いた各々独立の文章ないし講演録なので、一貫性がなく、その点、ご宥恕願いたい。日本人にとって日々の生活に密着している漢字の源流と現段階での研究状況について紹介することになろうかと考え、一書として纏《まと》めることとした次第である。

# 目次

# I

# 甲骨文略説

## はじめに

中国で歴代書き継がれて来た、ふつう二十四史と呼び慣らわされている正史の冒頭を飾るものが、前漢の中頃に司馬遷によって著された『史記』であることは周知の通りである。彼は、五帝に筆を起こし、夏・殷・西周・春秋・戦国から秦・漢に及ぶ歴史をそこに展開し、各王朝の王系や事跡についてかなり細かな記述をしている。彼の考案になる独特な年表も附され、そこには西周の末期に近い共和以後の各王在位年数も明記されていて、この共和元年（西暦紀元前八四一年）は、今日でも、中国史上その実年代を知りうる最古の年ということになっている。また晋代になって戦国時代の魏王の墳墓から出土した竹簡に書かれていたと伝えられる『竹書紀年』にも、五帝から戦国末までの編年があり、これは『史記』とは別系統の史料によって作製されたものらしい。

今日われわれに残されているこれらの文献が、古代の中国を知る上で極めて貴重な史料であることはもとより言うまでもない。しかし今から二千年以上も前の人間が、さらに二千年も溯《さかのぼ》って詳細な記述を残したのだと考えてみれば、われわれがそれをそのまま事実として受け入れるわけにいかないのは、常識的に言っても明らかであろう。清朝になって西欧史学の影響を受けて遽《にわ》かに隆盛し、古典批判に多大の成果を収めた考証学派の人々や、さらにそれを発展せしめたいわゆる疑古派の人々が、五帝はもとより夏・殷王朝の実在を疑い、西周時代に関する諸伝承も後世になって仮託した理想世界に過ぎないとしたのも、その限りでは当然のことであった。

ところが、事実は必ずしもそうではなかった。司馬遷が殷代について書き残してくれたことは実はかなり正確なものだったことを立派に証明してくれるものが、われわれの前に現れた。それがこれから述べようとする甲骨文なのである。

### 発見と研究のはじまり

一八九九年、北京に住む国子監祭酒《こくしかんさいしゅ》・王懿栄《おういえい》の食客で金石学に造詣の深かった劉鉄雲《りゅうてつうん》が、瘧《ぎゃく》病の薬として薬材店から購入した獣骨らしきものを見て、一驚した。そこには青銅器に鋳込まれているいわゆる金文よりもさらに古拙な文字が刻《ほ》りつけられていたからである。王懿栄とともに、この蒐集に力をそそいだ彼は、まもなく、その字体の古さや、出てくる人名に十干の用いられている点が『史記』などと合致することなどから、これが殷代のものだと感じとった——という話が、甲骨文のはじめて世に現れたときのこととして伝えられている。金石に明るい劉氏が、たまたま薬として購入したなどというのはどうも話がうまく出来すぎていて、あまり当てにはならぬかも知れない。しかし、うますぎると言えば『史記』の記載に合いそうだという方が、実ははるかにうますぎるのであるが、これは誤りなかった。もっとも、これがはっきり立証され、正確な時代決定がされるには、多数の人の研究をまたねばならなかったが。

とにかく、劉氏は、その後まもなく歿《ぼっ》した王氏の後をうけてこの蒐集・研究に努力し、一九〇三年には、精選した一〇五八片の拓本を『鉄雲蔵亀』として出版した。甲骨文が初めて世に紹介された書籍として名高い。その翌年、この書を見て感激した経学・金石学の大家であった孫詒譲《そんいじょう》は、解読を目指して『契文挙例』を著した（ただし、刊行はかなり遅れた）。彼もまた、この甲骨文が殷代の所産であることを疑っていない。この二著は、甲骨文が発見された最初期において、これ以後の研究の先鞭となった記念の紙碑である。

劉・孫二氏と親しかった羅振玉《らしんぎょく》も、この研究に精根を傾けた。それまで、甲骨の出土地が骨董商によって河南省湯陰県などと伝えられていたが、実はもう少し北の安陽県小屯村のいわゆる殷墟から出土することを知ると、家人を派遣して調査させ、後にはみずからこの地に赴いた。また蒐《あつ》めた甲骨の拓本影印本をつくり、『殷虚書契』（一九一三年）、『同菁華』（一五年）、『同後編』（一六年）、『同続編』（三三年）などとして続々刊行した。これらには極めて秀れた甲骨が多数収められていて、今日でも非常に史料的価値が高い。さらに、羅氏は解読にも力をそそぎ、『殷虚書契考釈』（一四年初版、二七年増訂）を完成したが、これは孫氏の解釈を改めるところ多く、画期的な業績であった。

我が国でこの研究にはじめて着手したのは、東京高等師範の林泰輔博士である。謹直そのものと言われた氏が、この研究によって「旧志の足らざる所を補ひ、漢唐諸儒の謬説を一掃することを得べし、これ豈痛快の事にあらずや」と言っているのをみても、その喜びようが解ろうというものである。日本に将来された甲骨を蒐めて刊行された『亀甲獣骨文字』（一九二一年）は氏の編になる。これとほぼ同期に、京都の内藤湖南・富岡謙蔵といった人々も手を染めている。このように、ひとたび世に現れるや、秀れた学者達の注目をあび、興奮させた甲骨とか甲骨文とか呼ばれているものは、いったいどのようなものなのか。

## 甲骨文の材料・使用法

殷王朝にあっては、亀甲や牛骨などの裏面を焦灼《しょうしゃく》することによって表面にヒビ割れを生ぜしめ、そのヒビの入り方によって、祭祀・軍事・狩猟などさまざまの王の行為であるとか、降雨などの自然現象とかに関して、天上にいると彼らが考えたところの神（上帝）の意志を尋ねるのを目的とした占卜《せんぼく》を行った。占ったのち、その内容や結果を表面のヒビ割れのそばに刻りつけた、それが甲骨文である。今日までに出土した総数がおよそ十万片とは言われているものの実はもう少し少ないだろうと思われるこれら甲骨は、すべて小屯村を中心に大司空村・四盤磨村などを含めて殷墟と総称されている一帯から出土したものであるが（本書37頁の図5を参照）、実はここ以外にも三、四十ケ所から、少数ずつではあるが、発見されている。ただし、これらには後述の三例ほど以外には文字が見られず、ただ占卜した灼痕があるのみである。したがって、甲骨文という場合はもちろん、甲骨という時にもふつうには殷墟出土のものを指すのであり、本稿でも特に断らない限り、これに従っておこう。

用いられた材料としては亀甲と牛骨があり、統計が無いから確実なことは言えないが、今日までの出土数のうち、この両者はほとんど相半ばしているように思われる。占卜の内容と、甲・骨の間との関連はなさそうである。しかし、後にやや詳しく述べるように、甲骨文はその作製時代によって五期に分類することが可能であるが、その各期について見ると、かなりの違いがある。たとえば、第一、二期には亀甲の方が多いが、逆に第四期は牛骨ばかりで亀甲はまず見出しがたいようである。また牛骨はどこででも入手できるが、亀甲はかなり遠方からわざわざ運び込まれたらしいことが、甲骨文の記載から推測できる。こういった事情から考えると、亀甲の方が重んじられていたようで、牛骨は何らかの事情で亀甲を入手しえなかった際の代用であったかも知れない。

はたしてそうだとするなら、なぜ亀甲が重視されたのか。これは殷人にこのような占卜を行わしめた宗教観念と関係することであろうが、亀が「天円地方」の形をしている故に宇宙の象徴とみなされ、したがって、ここに天意の表徴を求めたのだとする説がある。しかし、亀甲のうちでも、腹甲が主として用いられて背甲は副次的なものだったことを考え合わせると、むしろ腹甲の形が大略、亞字形をしていることと関係があるのかも知れない。というのは、殷墟の大墓が亞形をしていたり、殷代青銅彝器《いき》には亞形の図象銘をもつものが多く、また殷墟出土と伝えられる青銅印には亞形にふち取りしたものがあるなどから知られるように、亞形そのものが、何らかの意味で彼らの宗

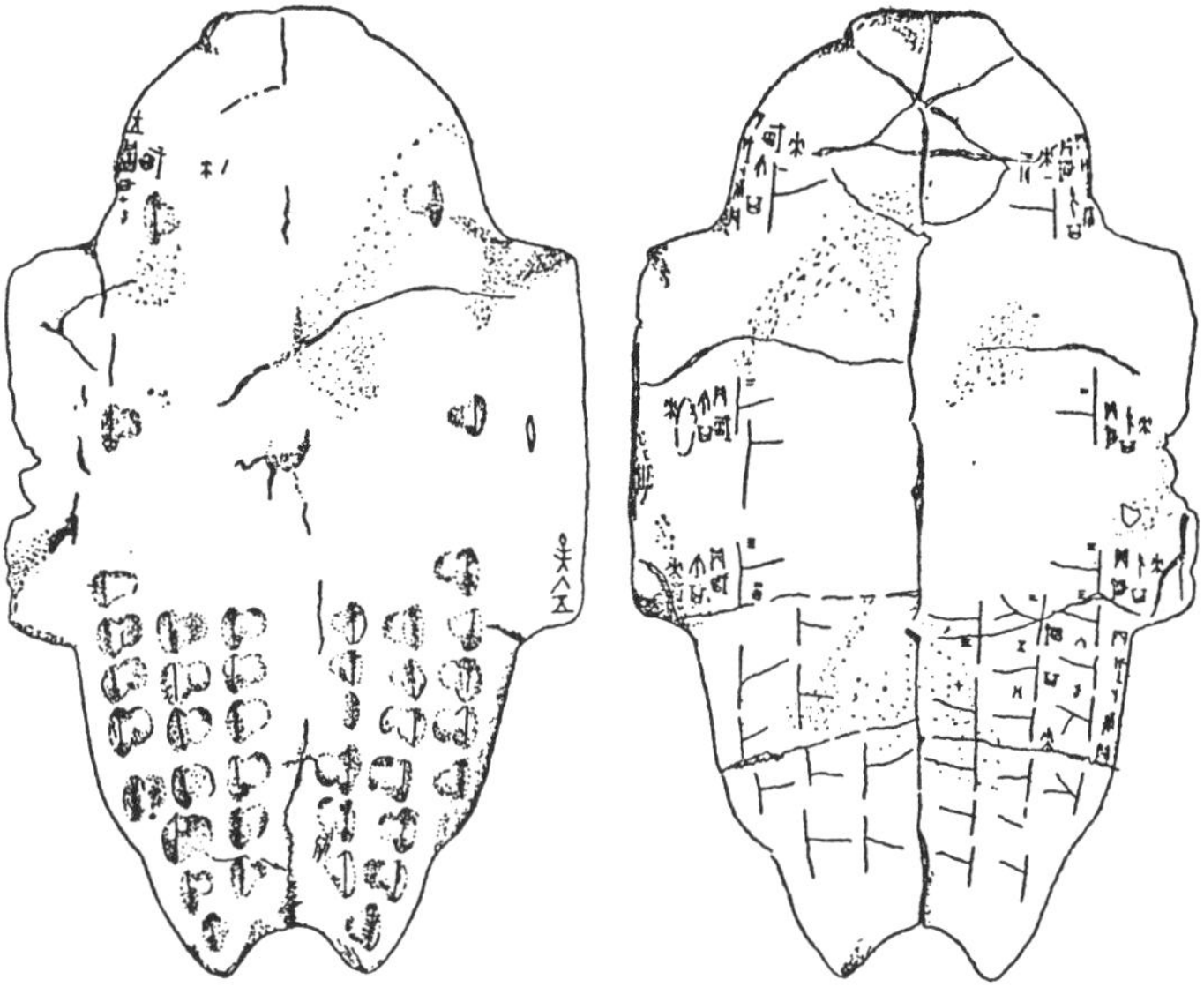

図1　腹甲全形。右：表面、左：裏面（乙 6668・6669）

教観と密着していたことがわかるからである。

甲骨の使用法について触れておこう。亀甲の場合、まず背甲と腹甲を鋸《のこぎり》で切り離し、内臓を除去する。腹甲の場合にはそのまま周囲を削って形を整えるだけであるが、背甲を使用する際は、縦に折半し、更に周囲を削り取る。牛骨にあっても、骨端などをきれいに削って、なめらかにする。そのあと、裏面にまず鑽《さん》といわれる円形の凹《くぼ》みを入れる。次いでその側《かたわ》らに鑿《さく》といわれる深い切り込みをつくる。大部分はこのやり方であるが、少数の牛骨には、鑽の中央部に鑿を施しているものもある。こうして整治し、清めた上で占卜の儀式が始まる。鑽の上に、お

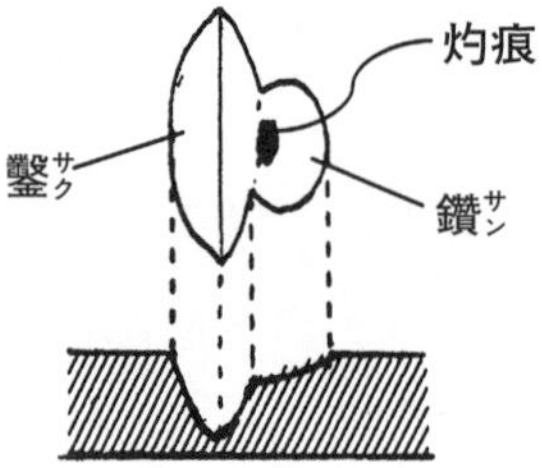


図２　甲骨裏面の鑽と鑿

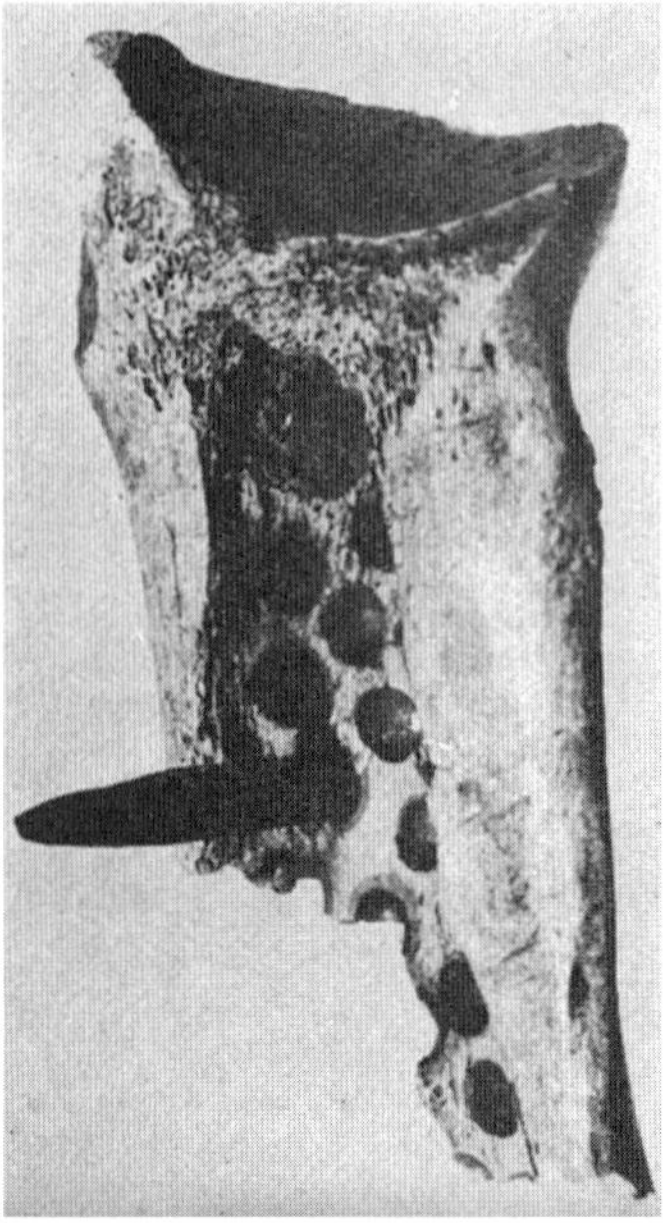

図３　卜骨と青銅鑽具

そらくモグサのようなものが置かれ、これに点火されたのであろう。ここに黒々と焼けこげた跡を見ることができる。そして多分これと同時に、占うべき事項が厳かに唱えられたのであろう。焼かれた甲骨は音をたてて文字通りの亀裂を生ずる。

「卜」字は、鑽鑿の表面にあらわれた亀裂の象形であり、ボクという字音（上古音ではpuk）はこのとき立てる音をとったものだという。この亀裂を見て、吉凶を判断するわけであるが、どのような割れ方が吉なのか凶なのか、今日あきらかではない。そのあとで卜した内容およびその結果を表面の亀裂のそばに刻りつける。これが甲骨文といわれるものである。占いが終わってしまった後で、何故それを書き残しておく必要があったのか。記録を保存するためであるとか、また尋ね得た神意が実現されるようにその効果を保とうという願いを込めたものだといった説がある。しかし、殷墟以外の地から発見されている、これ以前ないしはこれ以後の無字甲骨の場合はさておいて、殷墟卜辞では、このような今日の眼から見れば全く偶然によるとしか言えないような方法で、殷王の行動や国家的行事全般が決定されていたとするのは、かなり疑問であろうと思う。

亀卜《きぼく》行為を存続させた主な要因は、おそらく王が天帝と直結していることを民に具示し、それによって王その人が、民とは異質の神秘性をもった存在であることをしめすところにあったのであり、占卜後の刻辞という一見無用と思われる事柄も、このような王の権威の具象化といった要請に基づくものだったのではないだろうか。

## 殷代王室世系の解明

さて、前に甲骨文は殷王朝の所産にかかわるといったが、それはどのようにして明らかにされたか。これを決定的にした功績は、羅振玉の高弟であった王国維《おうこくい》に帰せられるといってよい。彼は「殷卜辞中所見先公先王考」(一九一七年)、「同続考」(同)において、甲骨卜辞中に見える王名が『史記』のうち殷代に関して纏《まと》めて書いてある「殷本紀」にでてくる王名とほとんどが一致し、王系も合う事実を各王ごとに詳細に指摘すると同時に、また「殷本紀」にはわずかながらも誤りがあることを示したのであった。これは、甲骨文を疑惑の念をもって見ていた一部の人々に対して反論の余地を与えなくしたし、他方では『史記』などの古文献の信憑性を著しく高めたものであった。王国維のこの画期的研究は、その後、郭沫若《かくまつじゃく》・董作賓《とうさくひん》等にうけつがれ補訂されて、今日ごくわずかの論点を残すほかは定説化されている。

ここに、上甲微から帝辛（紂王《ちゅうおう》）に至る三十代の世系が明らかにされ、殷墟は第十九代盤庚《ばんこう》が遷都してから末王紂が周に亡《ほろ》ぼされるまでの十二王の都址《とし》であり、甲骨文はこの期間に作製されたものであることが証明された。もっとも、盤庚が殷墟に遷《うつ》ったというのは古文献との対比によって言われていることであって、実は盤庚・小辛・小乙の三王の時代の甲骨と見做《みな》しうるものは発見されていなく、実際には第二十二代武丁から紂王までの九王の時代のものばかりである。私はいろいろの理由から、殷墟に都を遷したのはむしろ武丁だったかもしれないと疑っているのだが、今は触れまい。（本書30頁の補記を参照）

### 甲骨文の時代決定

王氏の努力によって、甲骨文は盤庚から帝辛まで十二王の時代に作製されたということが明らかにされた。彼は、この期間は『竹書紀年』にいう二百七十三年間とするのが正しかろうと言っている。しかし、それがよし正しいとしたところで、各卜片がおよそ何王の時代に属するかといった断代決定はできなかった。これをはじめて可能にして、以後の甲骨文研究に抜きがたい影響を与えたのは、董作賓「甲骨文断代研究例」（一九三三年）であった。先に結論から言うと、

第一期　（盤庚・小辛・小乙）武丁
第二期　祖庚・祖甲
第三期　廩辛《りんしん》・康丁
第四期　武乙・文武丁
第五期　帝乙・帝辛

の五期に、その時期を画しうるというのである。ただし第一期は実際には武丁のみで、盤庚〜小乙がここに入れられているのは、盤庚がこの殷墟に遷都したとされたことに基づくために他ならない。

さて、この五期区分はどのような論拠によるものか。董氏は、まず王国維の研究をおしすすめて、殷王の世系をいっそう確実なものとした。次いで着目したのは先王や先妣《せんぴ》の称謂《しょうい》である。というのは、殷王の名にはすべて、上甲・大乙・盤庚といったように十干が付せられているけれども、

甲骨文中では当代の王のほぼ祖父母以上にはこの名称が用いられるにもかかわらず、父・母・兄などに対しては、父甲・母庚・兄辛といった呼び方をしている（なお、当代の王は単に「王」とのみ書かれて、名は記されない）。したがって、もし仮に或る一片の甲骨中に、父丁・兄己・兄庚と言っているとすれば、その甲骨が作製されたのは祖甲時代である、とする以外にはこれに当てはまる場合を盤庚以後に求めることは出来ない（本書153頁表2の殷代王室世系表を参照）。また、文武丁と呼んでいる一片があれば、それは帝辛時代の甲骨に違いない。実際にはなかなかこれほど簡単にはいかないのであるが、こうしてごく少数の甲骨の作製時代を決定しえた。

図4　続3、34、5

　ところで、甲骨文の書き出しには、ほぼ一定の書式がある。たとえば、図4は、

(イ)　癸亥」卜。出」貞、子」弗疾。（左行）
（癸亥に卜す。出貞《と》う、子は疾まざらんかと。）

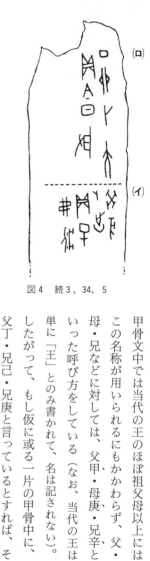

(ロ) 丁卯卜。大」貞、今日啓。(左行)
(丁卯に卜す。大貞《と》う、今日は啓《はれ》んかと。)

と読めるが、文頭の癸亥および丁卯は、それぞれ卜日を干支で示したもの。つまり、(イ)を卜した四日後に、(ロ)を卜していることがわかる。貞は、問いかける意。このように、まず冒頭に「干支卜□貞」とあり、これに次いで卜問の内容や結果の記されるのが最も普通の書式である。

さて、この卜下貞上の一字、この例では出・大が何を意味するのか、様々な憶説がありながらも不明であったが、董氏は実はこれが天帝に卜事を問いかける職掌の人――これを貞人と名づけた――の名であることを知った。とするなら、この場合出と大とは同時代人であるに相違ない。董氏は、このような同版関係をいくつも組み合わせることによって、貞人たちの間に数箇のグループ――貞人群――のあることを探りあてた。これによって多数の甲骨の群別が可能となり、さらにそのなかで先に述べた称謂から時王を探し出して、その群を時代順に排列し、時代決定に成功したのである。

貞人については、董氏自身やその他の人々によって研究が推しすすめられるにつれ、史料が増したことも手伝って、その数を増した。

| | I | II | III | IV | V |
|---|---|---|---|---|---|
| 董作賓『甲骨学五十年』（一九五五年） | 25 | 16 | 13 | 17 | 5 |
| 陳夢家『殷虚卜辞綜述』（一九五六年） | 73 | 22 | 18 | 1 | 6 |
| 島邦男『殷墟卜辞研究』（一九五八年） | 36 | 24 | 24 | 24 | 6 |

董・島両氏と陳氏との間に、第一期と第四期について極めて大きな開きがあるのは、多子族卜辞・王族卜辞と呼ばれている二群の卜辞をどちらに帰属させるかで見解が分かれるからである。我が国では、貝塚氏をはじめとして、島氏をのぞくほとんど全ての人が第一期説をとっているが、繁雑をさけて今は略する。

話を董氏の断代研究にもどそう。貞人を媒介にして考えることによって、多数の甲骨文の時代決定が可能になったが、しかし必ずしも全ての甲骨文が貞人名を記しているわけではない。「干支卜貞……」、「干支貞……」、「貞……」などとして記名を缺《か》いているものも多い。期別に言うと、第一期には大部分に記名があり、第二期にもかなり多いが、第三期になるとかなり少なく、第四・五期に至っては極めて例外的にしかない。したがって、世系と称謂から、ごく少数については時代がわかるが、大部分は不明のまま取り残されてしまう。そこで、董氏は坑位（出土地点）や記されている内容、文法、さらには字形、書体等の異同を手がかりとして群別した。とりわけ実際上の断代法運用に当たって重視されるのは、字形と書体の変遷・相違である。

## 字形の変遷

字形（Construction）の変遷について述べよう。五期を通じてほとんど変化していない文字もあると同時に、かなりはっきりした変化をみせているものもある。なかでも、非常に頻繁に用いられている干支の二十二字は、かなり顕著な変遷を示しているために断代研究上に欠かせないものである。表1は董氏の作製によるが、このうち第四期文丁（＝文武丁）の欄に収められている字形については、先に触れた様に説が分かれる。私は、むしろ第一期の異体と考えるべきだという説に賛成である。

字形の変遷にはいろいろの場合があるけれども、一般的に言って、ほぼ簡単なものから繁雑化する傾向にあったとしてよいであろう。王・來・其などは単なる筆画の増加によると考えられるが、他に、鶏・風のように音符を加えて象形から形声に変化しているもの、また、翌・遘の如く意符を加えることによって意味を拡充しているものなどがあるが、いずれも字画の繁雑化という点では変わりない。他に、月と夕などのように混乱した例もある（表2及び本書130頁「甲骨文字簡表」参照）。

子 癸 壬 辛 庚 己 戊 丁 丙 乙 甲
第一期 武丁
第二期 祖甲
第三期 廩辛康丁
第四期 武乙
文武丁
第五期 帝乙帝辛
坿列 金文
小篆

表1　干支字五期演変表（董作賓による）

表 2　字形五期演変例

## 書体と貞人・契刻者との関係

字形が以上のような変遷をもつと同時に、その書体（Style）にも明瞭な相違がある。しかも、字形の場合には断代の基準にしうる文字が、干支字その他のかなり少数であるのに反して、書体（ないしは書風。なお、混乱を避けるため字体の語は用いないことにする）はどの文字にも不可避にあらわれるために、時期鑑別上いっそう重要である。董氏の言うところを簡単に紹介しよう（本書49頁、図9〜13参照）。

第一期——雄偉《ゆうい》

大字の極めて堂々とした書風がこの期の特色である。これらを仔細に見れば、武丁期の史官（＝貞人）の筆力が如何に雄健かつ宏偉であったかが知られるであろう。この他、小字のもの、線の細いものも多数あるが、同様に精勁《せいけい》秀麗であって、気魄《きはく》に満ちているといえよう。

第二期——謹飭《きんちょく》

祖庚・祖甲という守成の賢君の影響をうけて、卜官の態度も謹飭守成であり、それが書風にもあらわれている。文字に大小不揃いなことはなく、行間も一定して均整であって、線の細い華麗な趣をもつ書体である。

第三期――頽靡《たいび》

この期には一転して書風は衰微凋落《ちょうらく》し、前期の規律を守ったものとは似ても似つかぬものとなった。幼稚・柔弱・繊細・錯乱を極め、筆画を誤った文字も少なくない。五期を通じて最も堕落した時代である。

第四期――勁峭《けいしょう》

契刻者（＝貞人）が名を記していないため、だれの作品であるか分別するわけにはいかないが、かなり繊細な筆画のうちにも、充分剛勁《ごうけい》の風格をもつ。ひじょうに線が細く針金の様な感じのものがある一方、円潤・工整な書体もあり、一様ではない。一種の復古運動とも言うべき、第一期風の大字もあるが、しかしその書品は遠く及ばない。

第五期――厳整《げんせい》

段・行のならび方、文字の結体が斉整・厳密で、しかも他とは判然と異なった、蠅の頭の如き小楷といった感じをもっている。

董氏は各期の書体の特徴について、おおよそ以上のような見解を示している。その後、ある点ではかなりの補訂がされている。たとえば、第二期は祖庚期と祖甲期にかなりはっきりと区分することができ、前者は第一期的な要素をもっている。また、時代をあまりにも画然と区別しすぎたが、中間的・過渡的な書体もかなり存在する等々といった点である。

しかし、こういった補訂を認めた上で、実際に甲骨文に対するとき、じつはかなり大きな戸惑いを感じさせるものがある。というのは董氏は、貞人は当時の史官であって、甲骨文の書契者であった、したがってその書風は各貞人のものである、とした上で以上の書体論を展開しているためなのである。ところが、ある一貞人をとり上げてみても、実は何種類かの明瞭にその相違を指摘しうる書風のものがたくさんある。たとえば第一期の代表的貞人である賓は、この期の典型とされた大字雄偉な書風の甲骨文にその名を残していると同時に、第一期としてはかなりくずれている異質の書風や、貞人名を隠されればほとんど第二期と区別しがたい様なものをも残している。しかも一方では、この賓は同じ第一期の貞人である㱿・争・亘などと共に、全く別人の作によるとは思えないほどに酷似した書風の甲骨文にも署名している。各貞人が、自分の貞卜した卜辞を自ら書契するのであれば、当然その貞人固有の書風があらわれてしかるべきであろう。この事は、董氏が貞人は同時に契刻者であったと断じたこととの再検討を要求するのではあるまいか。

私はむしろ貞人と契刻者は別人であったと考えたい。各期には、貞人集団とは別箇の数人から成る契刻者集団が存在したのではあるまいか。かく言いながらも、未だ書体からの甲骨文の分類整理を怠っている私には、各期に何種類くらいの書体があるのか、したがって契刻者集団の構成員数がどのくらいだったかを残念ながら指摘できないが、貞人数よりはずっと少人数だったろう程度には予測してさしつかえなかろうと思っている。董氏が第一期の典型的書風としたものは、実は唯一人の契刻者の作によるのではあるまいか。貞人賓には、この契刻者によって刻られた卜辞があると同時に、第二期まで生存したためにこの期の契刻者にもその卜辞が刻られたのであろうと思う。敵・争らに第二期的文字が見られないのは、賓よりも短命であったからではなかろうか。第五期には貞人名がほとんど見られないが、それでも五、六名が検出されている。しかしこの期は全く純一といってよい書風を示している。第五期には唯一人の契刻者しかいなかったのではなかろうか。

一時期に数人から成りたつ（時にはそれが一人であったこともあろう）契刻者集団を仮設してみれば、その狭い集団内部での知識・技術の交換があったろうから、そこには当然字形および書体に関して共通の傾向が、その期の特徴としてあらわれ出る可能性のあることは容易に想像できる。私見によれば、字形および書体の変遷とは、実は殷室に仕える極めて少人数の契刻者集団の構成員の世代交代による慣習や伎倆《ぎりょう》の変化に過ぎないものであった。

### 甲骨文字の刻り方

どのようにして、この甲骨文字を刻《ほ》ったものであろうか。殷代に鉄器がなかったことはまず確実で、青銅製の刀によったのだろうと想像される。董氏は、「小屯村の大連坑から、大亀とともに小さな銅刀が出土したが、これは今日の刻字者が使用するものと酷似しているから、おそらくこれが文字を契刻した際の工具であろう」と言っているが、実物についての詳細はわからない。これより北の武官村から出た玉刀によると、今日、石印を刻する際に用いる刀とほとんど変わりがないようで、董氏の言う銅刀も、これとほぼ同形のものであろうか。しかし、甲骨の実物の刻跡を仔細に見ると、これはどうしても一刀刻りであるに相違ないことが解る。一画を刻るのに左右から二度刻るのではなかったにちがいなく、したがって、鋭角の、それもおそらく四十五度くらいのV字形の刃先をもつ刀だったはずで、図5のような形状の刀は、別途の使用のためのものだったのではないだ

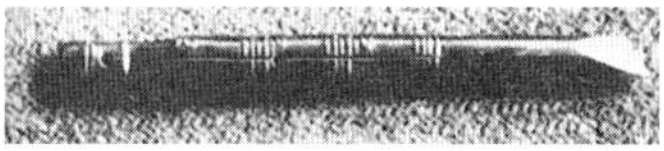

図5　武官村出土玉刀（実長9.1㎝）

図6　横画未刻例（続3、13、1）

ろうか。まれに、刀が滑ったらしく極端に長い不釣り合いな線が見られるが、その部分も他と同じ刻法でV型の溝になっているから、一刀刻りは疑いあるまい。ごく鋭利な刀で、かなりのスピードをもって刻ったことは、驚くほどにシャープな線が雄弁に物語っている。

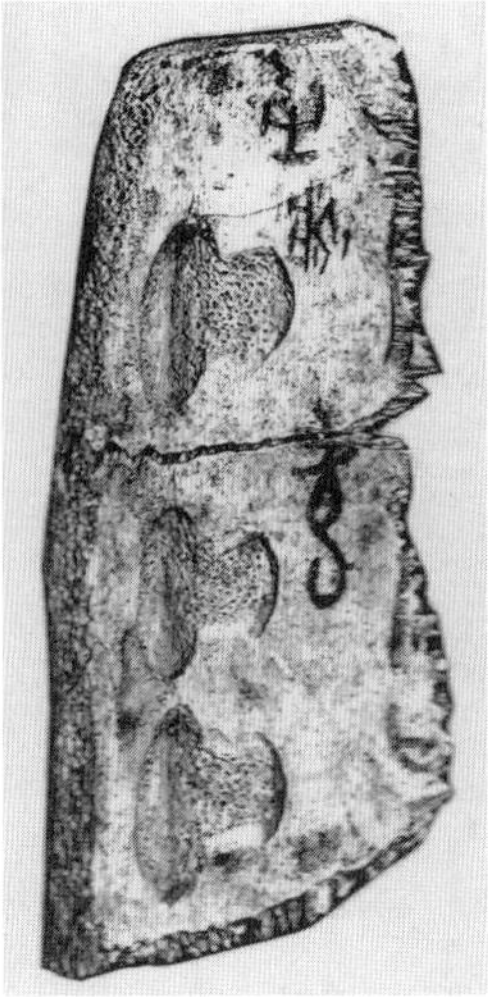

図7　殷墟出土獣骨墨書（乙6849）

刻る前に、おそらくは筆によって、下書きされていたこともまたほぼ疑いない。というのは、全面に契刻されている文字が、すべて縦線のみしかなく、横画がことごとく刻られていない未完成のものが数片ある（図6参照。なお、横画だけあるのは知らない）。これは、一字が刻り上がってから次の文字を刻るというのではなしに、能率的に刻るために、全面の縦線をまず先に刻った当時の刻法を示すものであるが、こうするためには、下書きがなくては何を刻りつつあるのかわからなくなって、却って非能率的だと考えられるからである。筆・墨がすでにあったこともたしかで、朱や墨で書かれた甲骨・陶片も殷墟から出土しているし、第一期の大字骨などには、文字を刻ったあとに朱を埋めている例も多い。甲骨文字の・は尹で、当時の記録を掌《つかさど》る官名であるが、これは筆を手にもったところの象形に他ならない。

## 漢字史における位置づけ

甲骨文字を、漢字の発達史上どのように位置づけるべきであろうか。勿論、甲骨文字は今日われわれが見うる最古の漢字であり、それ以前に如何なる文字があったかは皆目不明である。前に殷墟以外からも甲骨が出土すると述べたが、それらには卜跡はあっても文字はまったく例外的にしかない。ひとつは河南省の鄭州二里崗の殷代遺跡で発見された牛肋骨に刻られている「又屮土羊乙貞従受十月」という文意不明の十字が見えるもの（図8）と、獣骨に「㞢」字らしいかなり大きな文字の見えるもの、他のひとつは、西安市張家坡の西周遺跡から出土した牛骨（図9）であるが、この

図8　鄭州二里崗出土有字骨

方は、文字か記号かわからない程度のものである。この他には有字甲骨は出土していないようで、漢字の源流をさぐる材料にはなりそうにない。他に陶文といわれる陶片上に書かれているものがあるが、図9に似た直線の組み合わせのようなものである。また、青銅器には極めて絵画的な所謂《いわゆる》図象銘があり、部族標識であるとか、官職名であるとか、トーテムであるとか様々な議論があり、今後の研究課題である。

　研究の初期にあっては、甲骨文字は漢字の極めて始源的なものであるという考え方が強かった。羅振玉は、その例証として、字形が恣意的であること、絵画的で字画が一定していないことを挙げている。たとえば「王」字についてみれば、前にのべた様な諸形がある。また象徴的な文字、とりわけ牛・鹿・馬といった動物を表す文字は、その特徴的な角や尾・たてがみなどを明示すれば事たりる、字画の固定しない絵画的要素の強いものである。そのほか、たとえば「月」字がともとも書かれるように、いわゆる右文・左文が一定していない。これらは全て文字が発明されて程なかったための現象であろうと考えられたのである。

　しかし、今日われわれは必ずしもこういった見解に従うわけにはいかない。すでにみてきたように、字形の相違は一時期における異形ではなくて、約三百年間における時代的変遷であったし、右文・左文は、貞卜時に卜文を左右対称に並べる必要に基づくだけのことに過ぎない。動物を表す文字が固定していないことに着目する以上に、それ以外の既に固定化した多くの文字の存在に注意しなくてはならなかろう。そこで、視点を変えて漢字の構成原理について考えてみよう。

いわゆる小学の名のもとに発達した中国の文字学にあって、後漢の許慎《きょしん》によって書かれた『説文解字』が極めて重視されており、そこには漢字構成上の六原理として、六義（または六書）が説かれているのは周知の通りである。このうち仮借と転注は、出来上がった文字の運用法にかかわる、

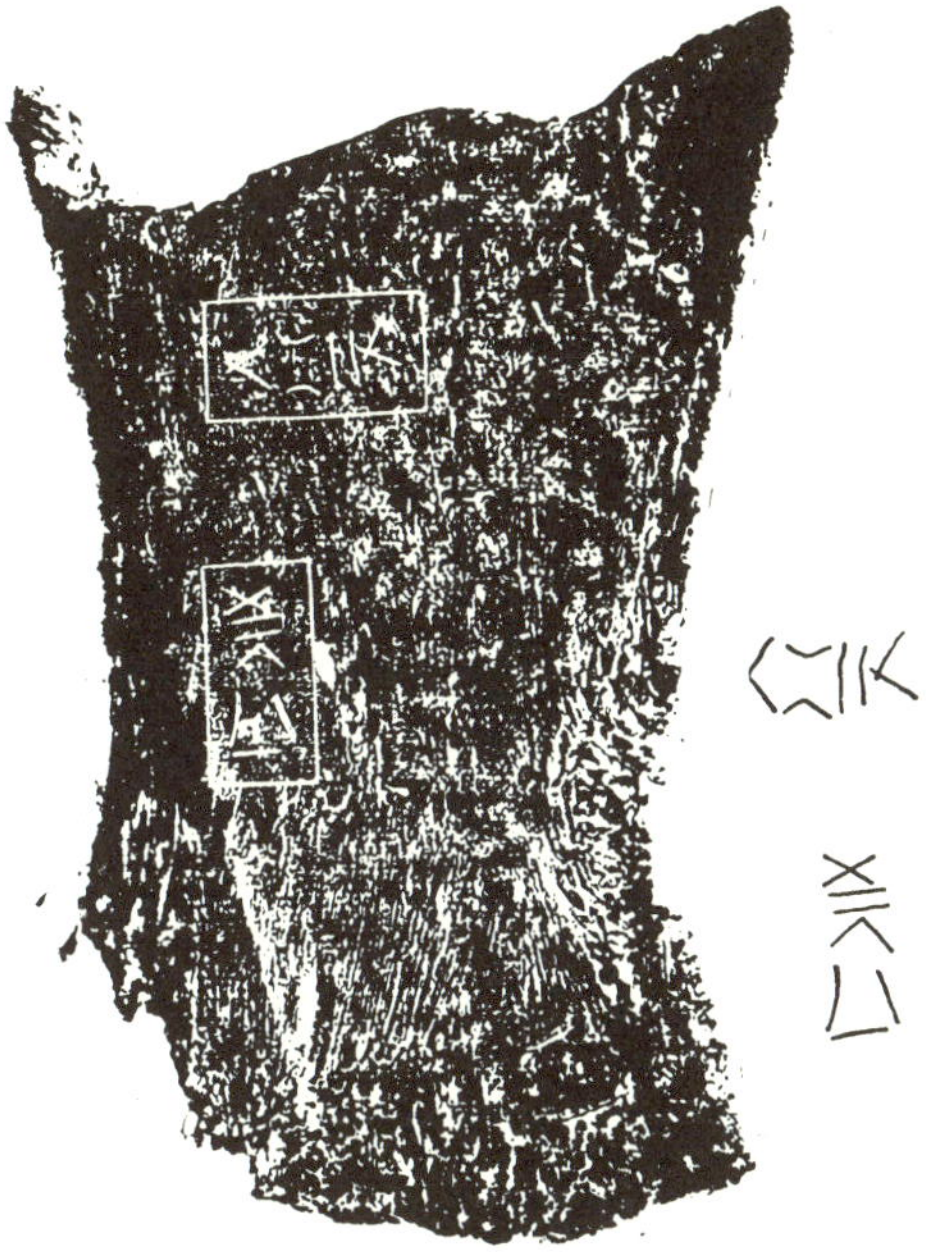

図 9　西安市張家坡出土有字骨

いわゆる〝字を造らざる造字〟であるから一応除外するとして、他の指事・象形・会意・形声は、みな甲骨文字中に備わっている。そのうち、観念的な事柄を表す指事（たとえば、上・下は甲骨文字で・であるが、規準と考えている横線の上、下を短画で示す）と、具象物を表すためにその物を画《か》いて示す象形（日・月は、太陽および半月を形どる……本書130頁「甲骨文字簡表」参照）が、文字発明当初の原理であったろう。

しかしこれでは不足で、二つの概念を加えて一字を構成することが考え出された。これが会意であって、許慎は「武」字を例に引いている。武（『説文』では。甲骨文字では）は戈と止を合わせたもので、戦争を未然に止めるの意であると説明している。この段階の文字も甲骨文中に既にある。もっとも、この許氏の武字に関する説明は訂正されるべきで、甲骨文では止ではなく足につくっているところからすれば、戈と足とを合わせることによって、兵器を担いで戦争に赴くさまを表した会意字であろう。戦争を止めるのが〝武〟であるなどといった発想には儒教的色彩が濃厚で、殷人やそれ以前の人々のものとは思われない。そのあとに来るものが形声であって、これは意符だけの操作では限度のあるところから、意味にはかかわりない同音ないしは類似音の文字を音符として意符に付加するものである。「河」は川の名で、意味をあらわす水に、意味とは無縁の可を同音であるためにつけ加えるのである。この種の造字法も、すでに甲骨文中にはかなりみられる。（河）はこれであり、鶏は意符の鳥と音符の奚を合わせたものだが、さきに触れた様に、甲骨文の過程で象形から形声に転化している。

さて、このように指事・象形——会意——形声という発展を考えてみるからといって、あくまで論理的にはこのような発展が推測されるというまでのことであって、各文字について象形字の起源が形声字より早い、といったことを意味するのでないことは言うまでもない。しかし、甲骨文字はおよそ三千字あるとされ、そのうち解読されているのは一千字ほどしかないが、その中にすでに形声字と考えられるものが相当数あることは、甲骨文字がすでに文字発展上この段段にまで立ち至っていることを示すものであり、これ以前にかなり長い創造過程を推定してみなくてはなるまい。古文字学者の唐蘭は「われわれは文字学の立場から、中国の象形文字は少なくとも一万年以上の歴史をもち、象形象意文字が完備したのは五、六千年前であり、形声文字が造られはじめたのは遅くとも三千五百年前であると仮定しうるのであって、これは決して誇飾ではない。」といっているが、これはやはり誇大に失するとしても董作賓もまた、殷墟の甲骨文字の少なくとも千五百年前に原始文字が作られたろうといっている。もとより年数を云々すべき何の根拠もないわけであるからこれは問題外としても、以上に触れた様な点を考えて、甲骨文字は未だ漢字の創造過程にあったのは勿論であると同時に、これ以前にもかなりの長い歴史をもっていたことが推測されるし、かかる史料の出現を期待したいものである。

## おわりに

この雑駁な略説を終わるにあたって、甲骨文字がわれわれの目睹《もくと》しうる最古の文字であり、未開拓な面がひじょうに多く残されているにも拘《かか》わらず、その研究は主として歴史学者の手にのみ委ねられていて、言語学・文字学・書道史的な研究があまりなされていない現況を指摘して、その道の専門家の参加を心から希望する次第である。

〈補記〉

本稿執筆後の二〇〇〇年初頭に至って、安陽市より洹河を挟んだ北側に、一辺二千メートルを越え、ほぼ正方形の大城壁が発見され（「河南安陽市洹北商城的勘察与試掘」『考古』二〇〇三年第五期、など）、盤庚・小辛・小乙期の都城址であることが、ほぼ確認されるに至った。すなわち、『尚書』にいう〝盤庚遷都〟は、この地への遷都であったのであり、おそらく武丁期に、何らかの理由で、洹河のすぐ南側に移ったものであろうと考えられる。当時の人々は、この程度の移動は「遷都」とは見なさず、「盤庚より紂に至るまで、都を徙《うつ》さなかった」（『古本竹書紀年』）と考えたのであろう。本稿執筆後に発見された事実であるので、記しておく次第である。

# II　甲骨文の話

## はじめに

いま、私たちが使っている漢字は、その源を辿《たど》ってみると、すでに三千四百年くらい前には作られ、使用されていた、ということがわかっています。その後、この古代文字は、永い年月を経るうちに少しずつ変化し、また各種の書体を作り上げてきました。その文字が表している意味も、当然、時代・地域で少しずつ、ずれたり、別の意味を加えたりして変化してきました。途中で消えて無くなってしまった文字もあります。しかし、全体としては、連続性を保ちながら、その本質を変化させることなく、今日まで使い続けられました。

漢字が、他の文字とたいへん異なるもうひとつの特徴は、その文字数が、他の文字に比べて、桁外れに多い、ということです。人間の文化が進むにつれ、生活のしかたが複雑になり、それに応じて使用する言葉が複雑になり、語彙が増加していきました。これは、どの文化圏でも同じです。しかし、多くの文化圏で用いられている文字は、早い段階で音標文字（たとえば、英語のアルファベットを考えて下さい）化したので、少数の音標文字を組み合わせるだけで、多数の語彙を表記しました。ところが、漢字の場合は、言葉ができるたびに、それを表記する文字をどんどん増やし続けました。今日、ふつうには使われない文字も含めて数えると、八〜九万字はあります。このような特徴は、世界中にたくさんの種類のある文字のうちでも、たいへん珍しいものです。少なくとも、一定の文化圏のうちで多くの人々によって広域的に使用されている文字のうちでは、唯一の例外だといえます。この漢字は、歴史世界のなかで、中国大陸をはじめ、朝鮮半島、日本、ベトナムにおいて用いられ、東アジア世界に〝漢字文化圏〟と呼ばれる、独特な歴史空間を作り上げていく原動力となりました。

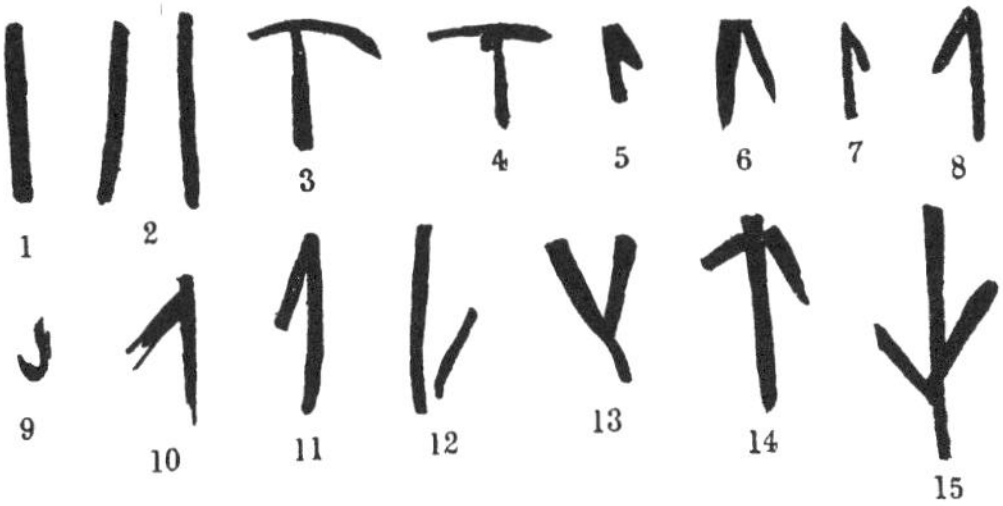


図1　仰韶期土器に見える符号
（陝西省　西安半坡出土　約6500年前）

図2　龍山期土器片に見える非漢字系の文字
（山東省　鄒平県丁公村出土　約4200年前）

では、こういった独特の文字——漢字はどのようにして、生まれてきたのでしょうか。

中国大陸では、新石器時代、各地に様々な文化をもつ、各種の民族がたくさん住んでいたようです。そのうちの或る部族は、簡単な記号や、初歩的な文字らしいものを作りはじめているようです。しかし、これらは、まだ漢字とは関係なさそうです。漢字の今知られる最も古い資料は、ふつう〝甲骨文字〟と呼ばれるものです。この文字について、お話ししてみましょう。

## 甲骨文の発見

一八九九年のこと、北京に住む国子監祭酒《こくしかんさいしゅ》・王懿栄《おういえい》の食客であった劉鶚《りゅうがく》(号・鉄雲)が、薬として街の薬材店から買ってきたという獣骨らしいものを見て、ひどくびっくりした、といいます。薬材店では、これを瘧《ぎゃく》病(おこり)に効く〝龍の骨〟として売っていた、とのことですが、龍とは中国人の想像上の動物ですから、その遺骨などがあるわけがありません。劉氏がびっくりしたのは、その骨になにやらたいへん古そうな文字がたくさん刻みつけてあったからです。

劉氏はもともと、金石学(古代の青銅器や石刻に記されている文字を解読して古代のことを考える学問)に造詣の深い人だったため、これを見て、直ちに、それまで知られていた古代文字よりさらに古い文字ではないか、と直感しました。王懿栄と相談し、出来るかぎりを集めさせて購入し、夢中になって、研究をはじめました。

それまでに知られていた殷《いん》代（前十七～十一世紀）から周代（前十一～三世紀）にかけての青銅器銘文（金文ともいいます）と比較検討して、そこに十干を用いた人名がでてくる、そのことは、『史記』殷本紀にでてくる殷の王の名と同じだ、ということを突き止めました。また、その素材は、亀の甲か、獣の骨（これはのちにほとんど全て水牛の肩胛骨であることが分かりました）で、もちろん龍の骨などでないことも判明しました。

図3　甲骨文字の最初の発見者
劉鉄雲氏

図4　甲骨文字についての最初の書物『鉄雲蔵亀』の封面

　劉氏は、蒐《あつ》め得た甲骨を拓本に採り、一千余片を収めた『鉄雲蔵亀』という書物として出版しました。発見後四年目の一九〇三年のことで、清朝末期の騒然とした世の中でしたが、今まで聞いたこともない古代文字の出現に、とりわけ中国の古文化に関心の強い中国の読書人は、仰天しました。

　伝説的に伝えられる中国の古代は、三皇五帝からはじまり、夏・殷・周三代と王朝がつづく、というものでした。しかし、清朝になって、西洋の学問の影響を受けて「考証学」と呼ばれる学問が盛んになり、実証的な考え方が尊重されるようになると、こういった伝説は、正しい史実ではないとする考え方が強くなってきました。ところが、この古文字が、殷代に作られたのだとすると、少なくとも殷という時代は、存在したのだ、ということになります。これはほんとうに驚くべきことでした。

## 殷のみやこ

この〝龍骨〟の実体は、亀の甲（背甲もあるが主に腹甲）か水牛の肩胛骨であったところから、ここに刻まれた文字はふつう、甲骨文字（略して甲骨文）と呼ばれるようになりました。また内容が卜《うらない》の辞《ことば》を記したものであるところから、卜辞《ぼくじ》とも、出土地（後述）も含めて殷墟《いんきょ》卜辞と呼ぶこともあります。契《きざ》まれた文字の意味で、殷墟書契、契文などと呼ばれることもあります。英語ではOracle Bone Inscriptions（神託を骨に刻んだ銘文、の意）が定訳《ていやく》になっています。

北京の学者たちの間で大騒ぎになったこの甲骨がどこから出土するのかは、最初、骨董商たちが内緒にしていましたが、次第に、河南省安陽市（北京から南へ五百キロ弱）の西北を流れる洹河《えんが》の南岸の小屯《しょうとん》村というところが、発見される場所だということが分かってきました。この場所は、『史記』項羽本紀のうちに漢代のころには、〝殷墟〟（殷の都の亡《ほろ》んだ跡）という名で呼ばれていたので、この甲骨が殷代と関係の深いことが、ますます明らかになってきました。

その後も続々と甲骨片が発見され続けましたが、一九二八年秋からは、北京の国立中央研究院歴

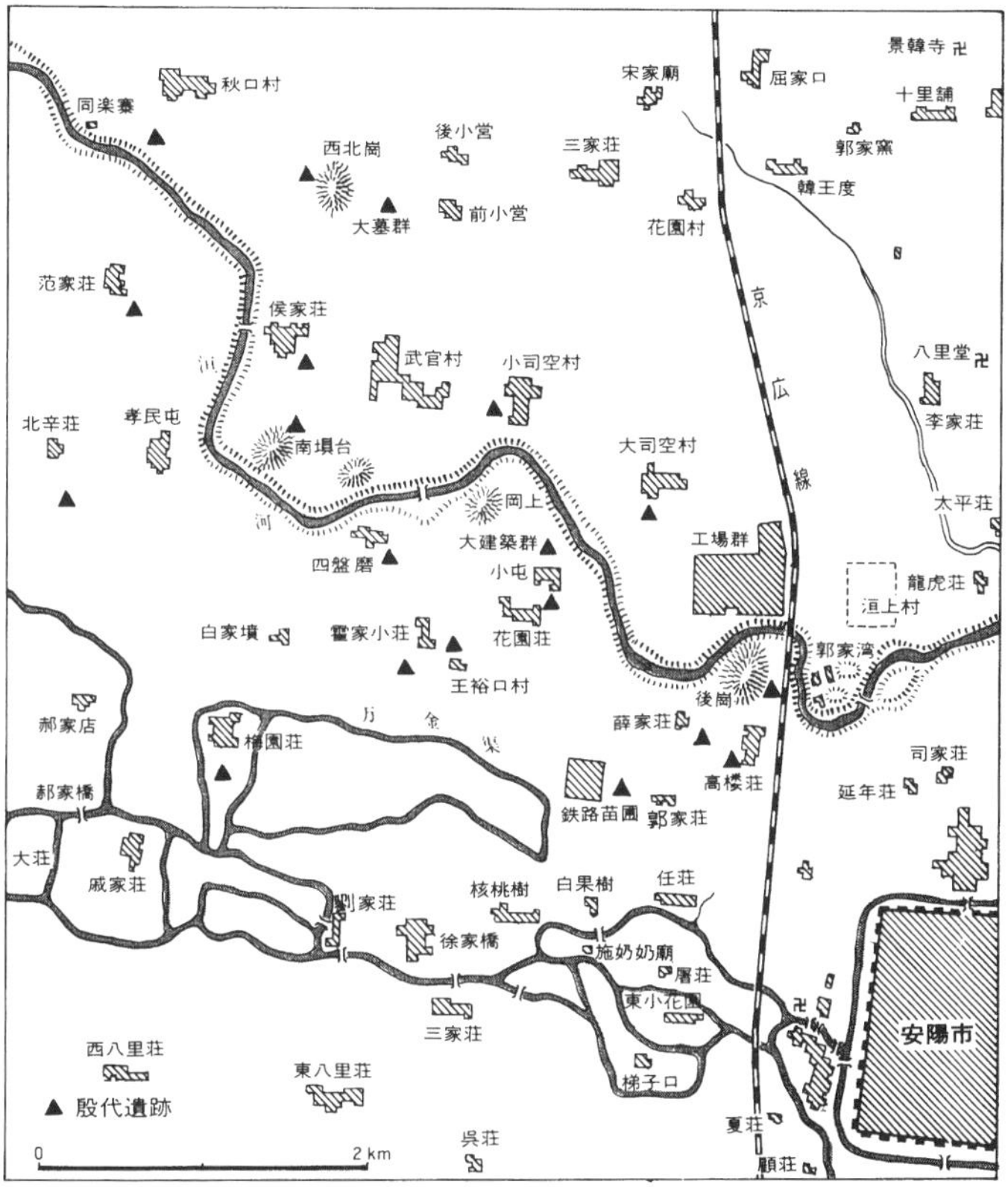


図 5　安陽殷墟殷代遺跡分布図

史語言研究所によって正式に考古発掘が行われ、一九三七年春、日中戦争で中断されるまで続けられました。その結果、大量の甲骨が発見されただけでなく、小屯村からは、宮殿址（あるいは祭祀場址かもしれません）、洹河北の侯家荘・武官村からは、殷王の大墓などが発掘され、当時の青銅器、玉器、陶器なども大量に発見されました。二十世紀最大の考古発見、といわれました。これらの遺物の大部分は、現在、台湾・台北市の郊外にある中央研究院歴史語言研究所に保管され、陳列されているので、参観することができます。

戦後、中華人民共和国が成立すると、さらに周辺部に発掘区域が拡げられ、小屯村の南から大量にまとまった甲骨が発見され、大司空村、後崗《こうこう》、花園荘、孝民屯などからは、殷代の遺跡・遺物の発見が相次ぎました。全く盗掘を受けていない「婦好墓」からおびただしい青銅器・玉器等が発見されたのも、目覚ましい成果でした。

いま、小屯の〝宮殿址〟は〝殷墟博物苑〟という遺跡公園になっています。一九九九年には、世界中の甲骨文字研究者をこの地に集めて〝甲骨文字発見百年記念〟の国際学会が開かれました。

## 王のなまえ

甲骨文が、殷代のものと確定したのは、その発見された場所が殷の都あとと考えられたこともありましたが、それ以上に決定的だったのは、何よりそこに刻《ほ》られていた文字のうちに、昔の歴史書、たとえば前漢の司馬遷の著した『史記』百三十巻のうちの第三巻「殷本紀」中に出てくる殷代の王と同じ名前を、たくさん見つけるに至ったことでした。

一例を挙げましょう。「殷本紀」の一節に、

……振が死んで、子の微が立った。微が死んで、子の報丁が立った。報丁が死んで、子の報乙が立った。報乙が死んで、子の報丙が立った。報丙が死んで、子の主壬が立った。主壬が死んで、子の主癸が立った。主癸が死んで、子の天乙が立った。これが成湯である。

とあります。この天乙（成湯）が殷王朝の開祖で、このあと三十代もの王が位についたとされています。

ところで、羅振玉《らしんぎょく》の高弟であった王国維《おうこくい》は、一九一〇年代のこと、ある二片の甲骨がもともとひとつのもので、ここに右の王とその祖先の名が連続してでてくることを発見しました。その後、董作賓《とうさくひん》はさらにもう一片を追加しました。いま、こうして綴合《てつごう》（割れて小片化した甲骨片を元の姿に復元すること）された甲骨文（図6）の大意は、

乙未〔の日〕、𫑡〔という名の祭り〕を行うに際し、品〔お供えの品〕を系〔神様に連系させること、つまり捧げること〕さんとするに、上甲に十〔頭〕、報乙に三、報丙に三、報丁に三、示壬に三、示癸に三、大乙に十、大丁に十、大甲に十、大庚に七、に三、……に三、祖乙に……。

……三祖乙……

大丁十大甲十大庚七三

匚丙三匚丁三示壬三示癸三大乙十

乙未酒𢆶品上甲十匚乙二（三？）

図6　『甲骨文合集』No. 32384

ということで、要するにある時の王が、先祖代々を祭るに際して、「上甲」以下それぞれに捧げる犠牲の動物（特別に飼育した神聖な動物、この場合は、牛か羊でしょう）の頭数を列挙して、祭儀に先だって、こんな数でよろしいでしょうか、と神にお伺いを立てた占いを記したものです。

唐代に作られた『史記索隠』という注釈書には、「微の字《あざな》は上甲」とありますから、「殷本紀」の微＝甲骨文の上甲、ということがわかります。次いで「殷本紀」では報丁―報乙―報丙ですが、甲骨文の方は、報乙―報丙―報丁で、順番が異なっている以外はまったく同じです。次いで主壬―主癸は、示壬―示癸です。書き伝えていく時に、誤写したものでしょう。次の天乙は、甲骨文では大乙になっています。しかし、これは字形上の問題で、甲骨文中では、大と天は通用されています。ま

さに、ぴったりです。

このようにして、甲骨文が殷代のものであることが疑いようのないものであることが、決定的に証明されるようになりました。そして、このことは、逆に『史記』殷本紀の記載もまた、少々の誤りはあるにしても、大筋では史実を伝えているのだということも証明していることになります。これは、「二重証明法」と呼ばれ、中国古代研究を支える根本となりました。

殷王室の祖先神から、王朝を創始した大乙（成湯）までについて、『史記』殷本紀に書かれていた王の系図と甲骨文の記載とがまことによく合致する、と書きましたが、このことは、大乙以降、殷が三十代の末王・帝辛のとき滅ぼされるまでの三十人の王についても同じことです。さらに、『史記』では分からなかった王妣《おうひ》（王の複数の后）の名も、甲骨文から明らかにされました。

この『史記』に見える殷王の系譜を甲骨文によって知られる事実によって修正し、対照して分かり易く表示したのが、「殷代王室世系図」です（本書153頁参照）。一生を甲骨文研究に捧げた偉大な学者・董作賓氏が、一九五二年に作成したものです。

この世系図を見てすぐ気づくのは、①王・王妣の名前の末尾は、すべて十干が用いられていること、②父子相続にくらべ、兄弟相続が異様に多い、といったことでしょう。十干とは、いうまでもなく、甲乙丙丁戊己庚辛壬癸で、これと子丑寅卯辰巳午未申酉戌亥の十二支と組み合わせて六十干支として用いることは、今でも行われていますが、実は、このことは、すでに殷代に行われていたのです。干支は、もと幹枝で、十二支より十干が根幹であると考えられていました。

学者の間に異論もないわけではありませんが、この十干は、それぞれが、元来は太陽の名前だったようです。というのは、中国古代の人々は、太陽は十個あり、それが交替で十日間に一回ずつ順に現れる、と信じていたようなのです。つまり、甲という名の太陽があって、それが出てくる日が甲日、といったわけです。

一方、殷の王室は、十個の分家から成り立っていて、そのそれぞれが十干によって名づけられていました。たぶん、各分家が、十個の太陽それぞれの末裔だと考えていたからだろうと思われます。分家間のみで、婚姻も繰り返されたようです。

王と王妣は、この十分家からそれぞれ選出されました。選ばれた王・王妣個人もまた、その出身分家の十干の名を付しました。分家間の関係から、次の王を他の分家の同世代のものにするか、次世代のものにするかが、決められたようです。だから、これは後世の兄弟、父子相続とは、意味が全く異なったわけです。『史記』には、殷王の名前は書き残されましたが、こういった古代王室の内部構造や十干の意味は伝えられず、後世の相続法からの類推で記されていた、ということがわかってきたのです。

【参考】松丸道雄「殷人の観念世界」、『シンポジウム　中国古文字と殷周文化――甲骨文・金文をめぐって』東方

書店、一九八九年。本書『甲骨文の話』59頁参照。

### 時期区分

殷代の王の世系図が確定できてみると、次には、発見された多量の甲骨片が、それぞれいつごろに作られたものか、世系図のうちのどの王の時期に作られたものかが、問題となります。資料の時期決定は、出土遺物を研究するための何よりの基礎になるからです。これを目的とした研究は、〝甲骨文断代《だんだい》研究〟と称され、それ以後の研究の最も重要な課題となりました。「殷墟」は、文献の上から、第十九代盤庚《ばんこう》が遷都して以降の都とされているので、甲骨文もそれ以降の所産ということは、確定できます。しかし、さらに細かく時期区分することに成功し、学界をあっと言わせたのが、董作賓でした。

図7　断代研究の創始者　董作賓氏

どの時代でもそうですが、当代の王はふつう単に「王」とのみ記され、固有名詞を付けて呼ばれるのは、物故者になってからです。甲骨文の場合もほぼそうですが、物故者については独特の法則がありました。

前述の「殷代王室世系図」をもとに説明しましょう。今が仮に第二十四代祖甲の時代だとしますと、祖甲その人は、当然「王」と記されます。同世代の先王「祖庚」は、この場合、「兄庚」とされます。一世代前の「武丁」は「父丁」とされます。二世代前ないしそれ以前の祖先に対してはじめて、この世系図にある「陽甲」「盤庚」「小辛」「小乙」、さらに「南庚」…といった廟名をつけて呼ばれるに至るのです。末王「帝辛」時代の「帝乙」は「父乙」で、「帝乙」時代の「文武丁」は「父丁」になります。したがって「文武丁」といっている甲骨があれば、これは「帝辛」時代に作られたことがわかります。さらに或る王にとって一世代前の複数の王は、いずれも「父某」とされます。例えば、第二十二代武丁が王だったときの前代四王は、「父甲」「父庚」「父辛」「父乙」と呼ばれました（「多父」という言葉もあり、今の「父」とは意味も違うし、彼らが現在とは異なった血縁組織をもっていたことは、このことからも知られます）。

以上の知識を前提とした上で、ここに一片の甲骨文を示してみましょう。図8の甲骨文は、次のように読めます。

癸酉〔の日〕に卜《うらな》った。行が貞《てい》した。「王が、父丁に〔対し〕三頭の牛を、眔《およ》んで兄己に一牛、兄庚〔に一牛〕を歳《まつ》らんとするに、尤《とが》め亡《な》からんか」と。（羅振玉『殷虚書契後編』巻上第十九葉十四）

これは、「或る王」が、自分にとっての「父丁」に三頭の牛、「兄己」と「兄庚」に各一頭の牛を捧げて祖先祭を行うことの可否を占ったものです。この父丁、兄己、兄庚を祀る立場にあった「或る王」を、盤庚以降の世系図に求めると、「祖甲」以外には、ありえません。そうであれば、ここでの「王」は、「祖甲」その人であり、この甲骨文は、祖甲時代の或る年、或る月の癸酉の日に占われた文章、ということになります。このように、内容から時期を決定できる甲骨文は、実はわずかです。でも、これをまず基準に据えられるわけですから、実に貴重だということになります。

図8　『殷虚書契後編』上19.14

癸酉卜。行
貞。王、父丁
歳三牛、眔
兄己一牛・兄庚
二牢、亡尤

さて、次の段階です。右に引用した甲骨文は、

癸酉卜行貞……

という文章ではじまっていました。たいへん多くの甲骨文が、これと同じ文体を採っていて、この「卜」と「貞」にはさまれた「行」に相当する箇所には、様々な文字が現れるところから、研究の初期段階から、いろいろに憶測されました。地名ではないか、官職名ではないか、卜法の種類ではないか、といった具合でした。しかし、董作賓は、これが卜問を司《つかさど》った殷室の卜官の名前であることを明らかにし、これを「貞人」と名付けました。かつ、一片の甲骨上に、複数の人の名前が出てくる場合、同時期に生存した人たちであったに

相違ない、と想定しました。例えば、ひとつの甲骨片（本書161頁の図3を参照）の上に

イ　丁酉〔の日〕に卜す。行、貞う。…

ロ　甲寅〔の日〕に卜す。尹、貞う。……在三月。

のように記されていれば、まず（イ）丁酉の日に貞人・行が占いを行い、引き続き（ロ）十七日後の三月甲寅の日に、今度は尹という名の貞人が占いを行っており、行と尹とは同時期に貞人として活躍した人たちだったはずだ、と考えられます。董氏はこのような所謂〝同版関係〟にある貞人の組み合わせ例を多数抽出して整理した結果、これがいくつかのグループ（貞人群）に分かれることを発見しました。

このことによって、それまで何の分類もできずにいた甲骨片の大多数を、貞人群を基準として分類することができるようになりました。さらに、その中のごく少数は、先に述べたような方法で、年代決定できたわけですから、この貞人群も、ほぼ何王の時代のものか決定できるようになりました。董氏は結論的に、第二十二代武丁から末王（第三十代）帝辛まで九王の時期に作られた甲骨文を五期に分類できるとし、次のように区分しました。

第一期　武丁期

第二期　（祖己）、祖庚、祖甲期

第三期　廩辛《りんしん》、康丁期

第四期　武乙、文武丁期
第五期　帝乙、帝辛期

先に掲げた甲骨片に見える「王」は即ち祖甲でした。したがってこれは、董氏の分期では第二期に相当し、また貞人行・尹は共に、第二期貞人、ということになります。

ただ、全ての甲骨片に貞人名が記されているわけではなく、殊に第四期、第五期には、ごく例外的にしか記されていません。そこで、董氏は、様々な補助手段を用いる工夫をしました。例えば、卜文中に貞人以外にもあらわれる種々の人名とか、特別な事件、例えば戦争のための遠征といったものも基準にできます。また、甲骨片の出土した際の相互の位置関係も参考にできる場合があります。董氏はこれらを総動員して、おおよその甲骨片をこの五期に区分し、年代順に序列化することに、ほぼ成功しました。

董氏がさらに注目したのは、各片甲骨に不可分に見られる字形、書体の差でした。上記のように整理してみると、各期ごとに文字の構造上の変化や書体上の変遷が見てとれます。書道史的にも関心の深いところでしょうから、次はこれについて述べましょう。

## 字形と書体

甲骨文を、これまでに述べた方法で時期区分して見ると、同じ文字のはずなのに、字画が増減するといった文字としての構造上の変化を示している場合があります。これを、〝字形〟上の変化、と呼びます。また、甲骨文字の場合、その書きっぷり（書風）が、時期ごとに判然と異なっているといった特色が見られます。これを〝書体〟上の変化と呼びます。

例を挙げて説明しましょう。甲骨文中に「卜旬卜辞」と呼ばれる一群があります。十干の最後の日、つまり癸日に、次の十日の間に𡆥（とがめ、禍い）がないか、を占ったものです。この中から特に「癸未の日」に占った例を、五期について拾い集めて示しました（図9～13）。第一期・永、第二期・出、第三期・彭は貞人の名（第五期では王が卜貞を行っている）ですが、それ以外は全て共通した文字です。しかし、現実にはかなり相違していることが解ります。

例えば、「未」字は、第四期、第五期ではそれ以前と結体（文字のかたち）が異なります。最後の「𡆥」字も、同様です。殊に第五期では「犬」が加えられた繁体字になっています。こういった場合が、〝字形〟上の変化です。

また、筆画を異にしているわけではないにしても、その書き方が相当に異なっている場合もあります。貞、旬、亡といった文字がその例で、これらは〝書体〟上の変化といえます。

いま、ここでは、各期に一例ずつしか挙げられませんが、これら字形・書体上の特徴は、各期内で見ると共通している場合が多いので、これはこの一片のみに見られる字癖というわけではなく、各期ごとにこのような変化をした、ということが解ります。この変化の基本を心得ておけば、或る

図 9 〈第一期〉 合16825

癸未卜
永貞旬
亡囚

図10 〈第二期〉 合26570

癸未「卜」出
貞旬亡囚

図11 〈第三期〉 合31410

癸未卜彭
貞旬亡囚

図12 〈第四期〉 合34760

癸未
貞旬
亡囚

図13 〈第五期〉 合39078

癸未王卜
貞旬亡𡆥

甲骨片が何期のものか、一見して判定できるようにもなります。

董作賓氏は、こういった点から、甲骨文字は、占いを行った貞人たちが、各期ごとに集団を作っていて、彼らが書契（書いたり刻ったり）したために、その共通の癖が表れ、各期の特徴になったのだろうと考えました。

しかし、ある期には、何十人もの貞人がいましたので、その多人数が見分けられないほど共通した文字を書契した、とは考えにくいことです。書契したのは、貞人とは別箇の、書契専門の人が、各期にごく少人数いて、その人たちの癖や技倆、知識が表現されたもの、と考える方が理解しやすそうです。


【参考】松丸道雄「甲骨文における「書体」とは何か」『書道研究』一九八八年十二月号。本書『甲骨文の話』87頁参照。

**占卜の内容・狩猟**

さて、これまで、甲骨文字とはこういうものだ、ということについて一般的なことをお話ししてきましたが、それでは、いったいどんな内容について占いが行われ、何が書いてあるのかを、具体的に述べてみましょう。

最も多いのは、王室で行われた祭祀で、これはどのくらい種類があるのかよく解らないほど多様な祭りが、頻繁に行われていました。祖先神が守護神で、これを祭ることが即ち国の政治の中核だったのです。そのほか外敵との戦争、農事、これと深く関わる天候等々、おそらく当時の政治や生活に密着していたあらゆることが、最高神である「上帝」の意志を確認する目的で、占卜の対象とされていた、といえます。

いま、そのうちで、王が狩猟を行ったときの占いの一例を挙げてみましょう。第一期武丁期の甲骨です。当時、王を中心として、たいへん頻繁に王都近くの田野で狩猟が行われましたが、これは、もちろん当時が〝狩猟時代〟で王が生活のために野山を駆け回っていたというわけではなく、またスポーツとして楽しんでいたわけでもなさそうです。当時の狩猟は土地支配という政治上の目

戊午卜殻
貞我獣(狩)
鰍畢之日
獣允畢隻(獲)
虎一鹿四十□
犭亡一百六十四麑百
五十九薗赤㞢双二

図14 『小屯・殷虚文字乙編』第2908片

的、及びこれに深く関係した土地支配のための祭祀に関係があったようですが、また、大勢の兵の団体行動訓練、つまり戦闘訓練といった実質的目的もあったようです。

さて、ここに挙げた『小屯・殷虚文字乙編』第二九〇八片（部分。図14）は、ほぼ、次のように読めます。

戊午〔の日〕に、卜した。㱿（第一期の貞人の名）が貞《うらな》った。「我（この場合、王の一人称代名詞）は、龠攵（地名。王都の近傍）で狩りをするなら、畢《とら》えることあるか」と。之《この》（＝茲）日、允《まこと》に、狩りをおこなって、〔その結果〕、虎一頭、鹿四十□頭、犭亡百六十四頭、麑百五十九頭を得た。（以下、略）

とあります。このうち、「犭亡」とした文字は、狼《おおかみ》か狐《きつね》かについて、学者の間で意見がわかれています。亡と瓜は音が近いし、皮は衣服に用いられたから、きつねだろう、という人がいますが、今のところ決めかねます。「麑」とした字は、角のない鹿なので仔鹿だろう、と考えられています。そうであれば、鹿と仔鹿を合わせて約二百頭を捕獲した、というのですから、かなり大勢の勢子《せこ》役の兵士を動員した、大規模な巻狩りだった、と思われます。

の字は、繁体ではとも書かれ、左傍は、バネ仕掛けの捕獣器で、これに動物が掛かった様子を示す字で、これから、「狩猟をする」の意味の動詞になった、と考えられています。

の字は、のように書かれることもあって、長い柄の先に、網か竹籠を取り付けた捕

獲用の道具で、これも「捕らえる」の意味の動詞として用いられています。

文字の由来から、当時の狩猟の様子が、想像できます。

### 占卜の内容・戦争

殷の人々は、黍《きび》・稷《あわ》を主体とした農業を生産の中心としていたので、農民は当然、定住生活をしていましたが、その周辺には、また狩猟・採集生活をしている異族もたくさん混住していて、移動性に富む彼らとの間で、しばしば、掠奪や戦争が、繰り返されていたようです。甲骨文中には、「某方」というものが三十くらいでてきますが、これらの多くは、こういった非定住の異族だったと考えられます。

掲出の甲骨を、読んでみましょう（図15）。これも先の例と同じ第一期で、貞人もまた同じ「㱿」です。王は、当然、武丁です。

癸巳〔の日〕に卜した。㱿が貞《うらな》った。「〔來〕旬に、𡆥《とがめ》なからむか」と。王、固《うらな》いみて曰く、「希《わざわ》い㞢《あ》るべし。それ、來艱する㞢《あ》るべし」と。五日丁酉に至るに乞《およ》んで、允《まこと》に來艱するものあり、西よりした。沚𢦔、告げて曰く、「土方が、我が東鄙に征し、二邑に𢦏《わざわ》いせり。𢀛方も亦、我が西鄙の田を帰《おか》（＝侵）せり」と。

王が、卜骨《ぼっこつ》の割れ目から判断して、來旬中に、きっと異族が侵攻してくるだろう、との見立てをした。はたしてそれから五日目に、「侵略された」という報告が、地方から届いた。すなわち、沚戠という名の族長（これは殷の都から離れた小国家の長でしょう）から、沚国の東側を「土方」に侵寇されて、二ヶ村を略奪され、また西側の農田も、「苦方」に侵された、といってきた、というわけです。こういう不吉な予言が、当たったからといって決して喜ばしいことだったはずもないでしょうが、こういった侵略された記録も残されているわけです。また、別の甲骨文には、反対に王が、この沚戠を引きつれて、「土方」攻略に出かけることも記されていて、定住農耕民と狩猟採集民との間に、掠奪と反攻が日常的に繰り返されていたことがわかります。

ところで、この文中に出てくる⿴囗卜、⿴囗占、敱、戠、苦、などの漢字に当てて読んでおいた文字は、実は、甲骨文中にはありますが、今は亡んで、用いられなくなった文字です。しかし、たとえばやのは、今日の漢字のクニガマエに相当するし、やはト・占になった文字ですから、便宜上、⿴囗卜や⿴囗占という楷書体の文字をつくって、甲骨文解釈の便宜上、用いておく、というわけです。したがって、ふつうに用いられている漢和辞典のような辞書には、こういった文字は出てきません。

甲骨文字は、おおよそ四千八百〜四千九百字くらいありますが、今日まで連続して用いられているのは、そのうち千数百字で、残りは、使われなくなりました。でも、常用文字は、多く今日まで残っているし、無くなった文字も、周囲から判断しておおよその意味がわかるのです。

癸巳卜𣪘貞、旬亡囚。王固曰、㞢希。
其㞢來㚔。乞至五日丁酉、允㞢來㚔。
(自)西。沚戠告曰、土方征于我東鄙、
𢦏二邑。𢀛方亦帰我西鄙田。

図15 『甲骨文合集』No. 6057より

## さらに勉強したい人のために

ここまで「甲骨文字のはなし」として述べてきました。これを足掛かりにもっと勉強したい人のために、どういった書物があるか、知りたいことを調べるにはどうしたらよいか、といったことを書いておきましょう。

まず、甲骨文の発見・研究史を、考古学の分野まで含めて、興味深く紹介したものに、

①貝塚茂樹編『古代殷帝国』みすず書房、一九五七年

があります。気軽に読める入門書として、お奨《すす》めします。さらに読みすすみたい方には、

②貝塚茂樹『中国古代史学の発展』弘文堂、一九四六年

があり、戦前までの叙述で終わっていますが、すぐれた学術史です。実際の甲骨文の拓本を掲げて、これに解説を加えたものとしては、

③『書道全集』第一巻中国・殷周秦、平凡社、一九五四年
④松丸道雄『甲骨文字』奎星会出版部、一九五九年
⑤白川静『殷・甲骨文集』書跡名品叢刊・第三集、二玄社、一九六三年
⑥松丸道雄・石田千秋等『甲骨文・金文』中国法書選1、中国法書ガイド1、二玄社、一九九〇年

などがあり、現在入手が容易なのは、⑥です。（なお、④の中の「甲骨文略説」は本書『甲骨文の話』

に収録した。1頁を参照。）

甲骨文字を素材として書・篆刻作品を作ろうとすれば、どうしても、自分で文字について調べてみなくてはなりません。その際、本来なら甲骨文字だけでなく、関連する他の古文字も併せて検討することが望ましいのですが、今、紙数の関係から、敢えて甲骨文字を調べるための書物に限定して、述べておきます。

まず、ある漢字が甲骨文ではどう書かれているのかを調べるには、

⑦孫海波『甲骨文編』一九三四年

⑧金祥恆『続甲骨文編』一九五九年

⑨中国科学院考古研究所『甲骨文編』北京・中華書局、一九六五年

があり、⑨は、中国書の専門店で現在も入手可能でしょう。中国出版書ですが、漢字の総画索引がついていますから、日本人なら誰でも利用できます。しかし、これらの書物は、ある甲骨文を現在のどの漢字に当てるのか、という最も根本的な点について編者の意見だけで編集されています。けれども甲骨文研究者の間には異論続出で、人により様々な字釈の学説があります。これらを容易に検索できるようにした書物が、

⑩李孝定『甲骨文字集釈』台湾・中央研究院歴史語言研究所、一九六五年

⑪松丸道雄・高嶋謙一『甲骨文字字釈綜覧』東京大学出版会、一九九四年

で、⑩は中国語、⑪は約五千字の甲骨文字に対する世界中の学者の字釈説約二万五千を集めて表示したものです。

異説がこれほど多いのでは、何を頼りにしたらよいのか、初学者が迷うのは当然です。そこで、おおよそのところを辞書風にまとめて利用者に便を与えよう、という書物が、作られました。

⑫徐中舒主編『甲骨文字典』四川辞書出版社、一九八八年

⑬趙誠『甲骨文簡明詞典』中華書局、一九八八年

がこれで、たいへん便利な書物ですが、もちろん中国語で書かれていて、日本語ではこの種の本は、まだ作られていません。

これらの編集作業の基礎となったのが、甲骨文を文章のまま整理編集した、

⑭島邦男『殷墟卜辞綜類』汲古書院、一九六七年（初版）、一九七一年（増訂版）

⑮姚孝遂『殷墟甲骨刻辞類纂』中華書局、一九八九年

です。これらの書物を繙読《はんどく》して、甲骨文の世界をどうぞ楽しんでみてください。

# III　殷人の観念世界

本日は、まず樋口隆康先生より、殷周両文明の特色についての概説を承り、ついで、李学勤《りがくきん》先生ならびに、裘錫圭《きゅうしゃくけい》先生から、とりわけこの殷周両文明を特色づけているところの、文字文化の特徴について、お話を承ったわけであります。

ところで、これまでの諸先生のお話のうちにもうかがわれますし、我々自身、しばしば、「殷周時代」とか「殷周文明」とかの語をもって呼ぶところからも知られるように、殷代と周代とを一連の——ひとつながりの——時代、文明と見なしがちなところがあります。

今、なぜこのような言い方が一般的なのかを振り返って考えてみますと、ひとつのことに思い当たります。それは、中国の歴史において大きな結節点と申しますか、フシメになった重要なひとつは、はじめて皇帝制度が成立し、統一帝国ができ上がり、国家制度の整った秦漢時代なのでありまして、そこから見て、「それ以前の時代」という意味で、これを「先秦時代」という名で呼びますが、さらにこの時代は「夏・殷・周三代」とも呼んだのであります。つまり、これは昔からの伝統的な呼び方だったわけであります。

ところで、今日《こんにち》、御存知のように、夏王朝というものがはたして存在したかどうかが、中国の考古学界での最大の関心事のひとつになっているのでありまして、様々に論争が繰り返されております。今日は、この問題にこれ以上入るのは避けますけれども、これは要するに伝説に言う夏王朝とは実在したのか、実在を証明するための証拠を示しうるか、といったことに関わるものでありまして、いろいろの考え方はありますけれども、現段階では、確実な証拠というものは出てきていない、といわざるを得ないように思います。

次の「殷王朝」につきましては、皆様すでに充分御存知のように、実在どころか、その文化内容は、ある面では、非常によく分かってまいりました。そういったわけで、先秦時代の別名である〝夏殷周三代〟のなかから、消去法で、実在性の不確実な夏代が取り除かれまして、〝殷周時代〟という言い方ができ上がってきたものと考えられます。つまり、こういう〝時代〟の呼び方がありますけれども、それは殷文化と周文化が、それぞれに解明され、その両者の文化的同一性ないし連続性といったものが強く認識された結果として呼ばれたのではなかったろう、ということなのであります。

さて、これから申しあげる私の話の結論に近い部分から先回りして申しますと、私は、殷文化と周文化というものは、基本的にと申しますか、または本質的にと申しますか、かなり相違したものだったと考えます。もとより、ひとつの王朝が他の異文化をもった民族によって滅ぼされ、次の王朝が打ちたてられる、といった場合、その文化内容には、連続した部分と、新たな、連続しない部分がでてくるのは当然のことでありまして、そういったことは、中国史上、所謂《いわゆる》異民族による征服王朝が打ちたてられ、そのたびに、〝新たな〟中国文化が形成された場合において、殊に顕著であります。

殷王朝は、六、七百年間もの長期間、永続し、中原に支配者として君臨し、定住農耕民としての文化を築き上げました。この、六、七百年というのは中国有史約四千年のうち最も永続した王朝ということになります。これに対しおそらく、殷末に近い古公亶父《ここうたんぽ》のとき、ようやく遊牧生活を脱し、定住化してからさほど長期間を経てはいなかったと考えられる周人との間には、殷周革命時において、文化面でのたいへん大きな落差があったのは当然でありましょう。

一般的に言って、農耕民は、その農業生産が、自然条件によって決定的に左右されるところから、遊牧民よりも——これはあくまで比較的に、でありますが——より呪術的になり、また、その結果、生活態度も、より因習的、より保守的になる、と考えられます。かつ、農耕民は必然的に定住生活が基本になりますから、武力的には防衛的になり、機動性をもった遊牧民が攻撃的であった、ということも当然のことであります。

一方で、農耕による生産性の向上や、定住という好条件が、その物質文明での進展、たとえば、陶器や青銅器を作る技術が進展するといった面や、恒久的な建造物が作られ、大型化するといった発展の要因ともなります。さらにそういったことは、社会・制度面での変化をも呼び起こし、人口増大や生産関係ひいては社会構造、さらには国家統治機構の精緻化といった面で、農耕社会は、特色づけられていくことになります。

さて、本日私がお話し申しあげたいのは、殷文化というものの基本の一端を、周文化との比較において考えるとどうなるか、特に殷人の精神世界、観念世界というものは、周人のそれと著しく異なったもののように思われるけれども、その点をもう少し具体的に解明できないだろうか、といったところにあります。

と申しますのは、すでに樋口先生のお話やスライドでの御説明の中にもありましたが、殷墟発掘結果によって分かってきました殷文化、またその後、引き続き各地から発見される殷文化というものの実相が明らかにされるにつれ、彼らのもっていた文化というものは、かなり異様な、少なくとも今日のわれわれのもっている文化とはひどく懸け離れたものだったらしい、そしてそれは、その後に続く周文化と較べてみても、かなり異なったもののように思われる、そしてまたそれは、中国のみならず、世界的に見ても極めて異様な文化であったように思われる、といったことに由来いたします。

例えば、殷文化解明のための最大の手がかりになった甲骨文そのものが、動物の骨やカメの甲羅を熱してヒビワレを生じさせ、その割れ方によって彼らが至上神であると考えた「帝」の意志を察知して、それをもって、自らの行動を決しようとした、殷人の精神構造の産物だったわけでありますが、これは、いわば国家行為として行われているのでありまして、このことは、彼らの「政治」

が少なくとも形式的には骨卜《こつぼく》という我々からすれば偶然事によって支配されるべきだという観念に支えられていた、ということを意味しているわけであります。

また、同様に殷墟発掘の青銅器を見れば、これらは彼らが祖先神を祭るために行った祭祀に用いた器でありましたが、人を威嚇するような怪異な紋様が、その器体全面を覆っております。

さらにまた、樋口先生のスライドにありましたように、殷墟からは多数の墓が発見されておりますが、巨大な、王墓と推定されるもののうちには、その建造の際、数百人の犠牲（いけにえ）を伴っている場合がありますし、また、宮殿・宗廟址からも、きまって少なからざる犠牲者が埋められているのが発見されるのであります。

これらに共通しているのは、彼らが創造した「モノ」のすべてに、必ずまつわりついている、われわれの理解の届きそうにない、いわばおどろおどろしくもまたまがまがしい「観念」であります。そして、彼らの文字文化、というものもまた、そういった「観念」の中から、創造されたものであったに相違ないのであります。

技術的には極めて高度に発達した物質文明ではあるが、それを造りだす支えになった「観念」は、我々のそれとは著しく異なったものだったのであり、逆にその特異な「観念」こそが、こういった文明を生みだす原動力になっていたように思われる。そういった考え方が正しいなら、われわれは、単に発見される「モノ」に驚嘆しているだけではなく、彼らが何を考えたが故に、かかる怪異な文明を築きあげたのか、また文字文化をつくりあげたのか、その精神構造にまで踏み込んでみなくては、殷文化というものの実相に接近したとは言えないのであるまいか。今、こういったことを頭に置いて、ひとつの仮説を通して、殷人たちの観念世界がどのようなものだったかについて、想像を巡らせてみたいと思うのであります。

中国は、神話の乏しい国だといわれます。しかし、このことは、中国古代の人々が神話的精神世界をもっていなかった、ということを意味するものではない、と思います。『尚書』や『詩経』をはじめ、多くの古典中に、断片的にではあるけれども神話的なものが残っていることは、多くの研究者の認めるところです。ただ、それが、たとえば、ギリシャ・ローマや日本の場合のように、集大成され、体系化される、ということがなかった。それが何故かはそれなりに興味ある問題でありますが、別の機会に譲りたいと思います。

いま、こういったいくつもの古典中に、少しずつ内容に相違するところをもつ、断片的に残されている、ひとつの神話に、注目してみたいと思います。これは、『荘子』『淮南子』『楚辞』などにも見えておりますが、もっとも纏《まと》まった形では、『山海経《せんがいきょう》』に見られます。この書物は、戦国時代から秦漢時代にかけて成立した、といわれておりますが、たいへん古い話を残しているものとして注目され、たとえば甲骨文研究の初期の段階でたいへん功績のあった王国維氏は、甲骨文の内容と、この『山海経』に残された説話とが関連あるものだという指摘をいたしております。その『山海経』中にも何ヶ所かに、これから述べる説話がでてまいりますが、今、代表的なものとして、その「海外東経」にある部分を引用しておきます。

下有二湯谷一〔谷中水熱也〕。湯谷上有二扶桑一〔扶桑木也〕、十日所レ浴。在二黑齒北一。居二水中一、有二大木一。九日居二下枝一、一日居二上枝一〔莊周云、昔者十日竝出、草木焦枯。淮南子亦云、堯乃令三羿射二十日一、中二其九日一。日中烏盡死。離騷所謂羿焉畢レ日、烏焉落レ羽者也。歸藏鄭母經云、昔者羿善レ射、畢二十日一、果畢レ之。汲郡竹書曰、胤甲卽位、居二西河一。有二妖孽一、十日竝出。明三此自然之異、有二自來一矣。傳曰、天有二十日一、日之數十。此云、九日居二下枝一、一日居二上枝一。大荒經又云、一日方至、一日方出。明下天地雖レ有二十日一、自使中以二次第一迭出運照上。而今倶見、爲二天下妖災一。故羿稟二堯之命一、洞二其靈誠一、仰レ天控レ弦、而九日潛退也。〕

下《した》に湯谷《やうこく》有《あ》り〔谷中《こくちゆう》の水熱《みづあつ》きなり〕。湯谷《やうこく》の上《ほとり》に扶桑《ふさう》有《あ》り〔扶桑《ふさう》は木《き》なり〕、十日《じふじつ》の浴《よく》する所《ところ》なり。黑齒《こくし》の北《きた》に在《あ》り。水中《すいちゆう》に居《を》り、大木《たいぼく》有《あ》り。九日《きうじつ》下枝《かし》に居《を》り、一日《いちじつ》上枝《じやうし》に居《を》る〔莊周《さうしう》云《い》ふ、昔者十日《むかしじふじつ》竝《なら》び出《い》で、草木焦枯《さうもくせうこ》すと。『淮南子《ゑなんじ》』にも亦《また》云《い》ふ、堯乃《げうすなは》ち羿《げい》をして十日《じふじつ》を射《い》しめ、其《そ》の九日《きうじつ》に中《あ》つ。日中《につちゆう》の烏《からす》盡《ことごと》く死《し》すと。『離騷《りさう》』に所謂羿《いはゆるげい》焉《いづく》にか日《ひ》を畢《い》る、烏《からす》焉《いづく》にか羽《はね》を落《おと》せるといふ者《もの》なり。『歸藏鄭母經《きざうていぼけい》』に云《い》ふ、昔者羿《むかしげい》は射《しや》を善《よ》くし、十日《じふじつ》を畢《い》んとするに、果《は》たして之《これ》を畢《い》たりと。『汲郡竹書《きふぐんちくしよ》』に曰《いは》く、胤甲卽位《いんかふそくゐ》して、西河《せいか》に居《を》る。妖孽《えうげつ》有《あ》り、十竝《じふなら》び出《い》づと。此《こ》れ自然《しぜん》の異《い》、自《より》て來《きた》る有《あ》ること明《あき》らけし。傳《でん》に曰《いは》く、天《てん》に十日《じふじつ》有《あ》り、日《ひ》の數《すう》は十《じふ》と。此《ここ》に云《い》ふ、九日《きうじつ》下枝《かし》に居《を》り、一日《いちじつ》上枝《じやうし》に居《を》ると。大荒經《だいくわうけい》に又云《またい》ふ、一日方《いちじつまさ》に至《いた》らんとし、一日方《いちじつまさ》に出《い》でんとすと。天地《てんち》に十日《じふじつ》有《あ》りと雖《いへど》も、自《みづか》ら次第《しだい》を以《もつ》て迭《たがひ》に出《い》でて運照《うんせう》せしむること明《あき》らけし。而《しか》るを今倶《いまとも》に見《あらは》るるは、天下《てんか》の妖災《えうさい》爲《た》り。故《ゆゑ》に羿《げい》は堯《げう》の命《めい》を稟《う》け、其《そ》の靈誠《れいせい》を洞《ほがら》かにし、天《てん》を仰《あふ》いで弦《げん》を控《ひ》くに、九日潛《きうじつひそ》み退《しりぞ》きしなり。」

（前野直彬『山海経』全釈漢文大系・集英社による）

これは、ふつう「十日神話《じゅうじつ》」と呼ばれる、有名な話でありまして、その要点はほぼ、次のようになろうと思われます。

太陽は、元来、十個存在し、これらは東南の海の向こうにある、扶桑という名の大木のもとに居り、順々にこの木を登って行き、一日に一個ずつ、扶桑の頂上から西へと運行していく。そして西へ没したあと、地下を通って再び扶桑のもとへ帰ってきて、湯谷《ようこく》で水あびをして身を清め、また、扶桑を登りはじめる。だから、人々は毎日一個ずつの太陽を見ているのだが、これは十個の太陽が入れ代わり出てくるのを見ているのだ。しかるに、堯《ぎょう》のときなぜかこのローテーションが狂ってしまい、天にいちどに十個の太陽が出てしまった。それでは焼けただれて地上のすべての生物は難儀をするので、尭は、弓の名人である羿《げい》に命じて、太陽を射落とさせた。羿は見事に九個の太陽を射落としたので、地上のすべての生物は救われた。

この神話は、神話学者によって「十日並立神話」と呼ばれ〝十個の太陽が一時に全部出てきた〟というところに最も重要なポイントがある、といわれます。しかし、私はこれとやや違った考えを持ちます。より古い時代、人々は、太陽は十個あり、これが順ぐりに出てくるのだ、と素朴に信じていたと思われます。これは各種の古典に様々な表現でくり返し記されていることから想定できることであり、また、太陽がひとつではなく複数あるとする原始神話は、他にもいろいろあるようであります。中国の南方の苗族——これは殷民の末裔ではないか、という説もありますが——にもあり、マライ、スマトラにも存在する、といわれます。台湾の高砂族は多くの部族より成っておりますが、そのうちのいくつかの部族は、太陽がふたつあり、これが交代に出現するが、あるときこのふたつがケンカをした、といった説話をもっております。古代人にとって、没したあと、再び別方向から出現する太陽が同一物であると考えなかったとしても、それは、それほど不思議な考え方だったとはいえないでありましょう。

しかし、次第に人智が進歩してくるにつれ、太陽はひとつなのだということが、ある段階から明らかにされていったのであろうと思います。そうすると、その段階で十個の太陽が、ひとつになった、という形での説明をつけなくてはいけなくなる。そういった時期に立ち至って、はじめて十個の太陽が一度に出現したために九個を射落とす、という説話が形成されたのではなかろうかと、私は考えるのであります。

ところで、甲骨文中に、と書かれる文字があります。これは今の楷書「日」字であることは疑いありませんが、甲骨文では「出日」「入日」のように、太陽（sun）の意にも用いられているものの、大多数は「今日」「翌日」のような、英語のdayの意に用いられております。金文では⊙のように書かれ、これが太陽とその黒点を書いたものであることはまちがいないでしょう（もっとも、古い伝承では、太陽の中には一本足の烏が住んでいる、とされているから、中央の点は、この烏を示しているのだ、という説もありますが、今、その当否は触れずにおきます）。このことからすれば、日字は、原義はsunであり、引伸義がdayでありましょう。日本語でもsunとdayは共に「ひ」でありますので、日本人は別に不思議に思わないのでありますが、英語ではこのふたつは別の語源に由来するのであります。そして、これは決して英語だけではなく、世界の諸言語では、この方がふつうのようであります。つまり殷人は、sunとdayを同一視する特別な観念をもっていたのではないか、と考えられるのであります。

sunの方はさて措《お》き、dayについて殷人は、どのように理解していただろうか。まず日を区切る単位として最も基本的なのが「旬」でありました。これは十日間（10days）を意味したのであり、甲骨文ではと書かれました。この文字は（舜）の略体、だという説があります。その説に従った上で、先程の裘錫圭先生のお話に沿って申せば、が正体、が俗体という言い方もできるかもしれません。

この十日（10days）の一日ずつに名がつけられていて、それが、甲、乙、丙、丁、戊、己、庚、辛、壬、癸という、所謂十干であります。

これまでのところを、一応整理して図示しますと、こうなります。

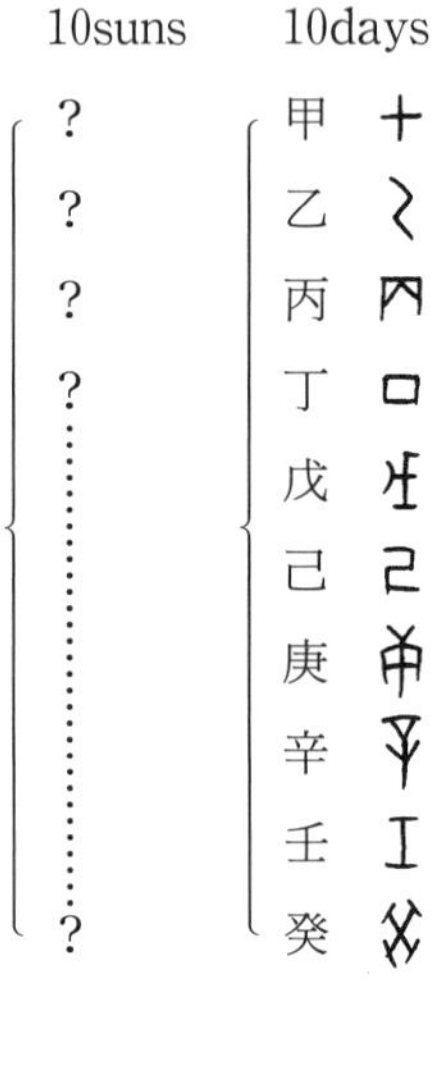

殷人は、sunを日のように書き、dayはこれを同一視する観念から、同じ文字をもって書きあらわした。そのdayについては、十日単位で数える習慣をもち、それぞれを甲日、乙日……と呼んでいた、ということであります。

ここで想起されるのが、先程のべましたような、古代中国人は、原初太陽は元来十個あったと考えていた、あの観念のことであります。いま、この漢字「日」字から推測されるところと「十日神話」とを結びつけて考えられるとするなら、こういうことになるのではないだろうか——太陽が十個あったという観念が、古代中国においていつ始まったかはわからないけれども、殷人もまたそのように考えており、その十個の太陽に、甲、乙、丙、丁……といった固有名詞をつけて呼んでいた。これらは元来、太陽それぞれのいわば名前であった。そしてその太陽たとえば「甲日」の出てくるdayもまた、「甲日」と呼ばれた。つまり、「第一番目の太陽甲が出てくる日」の意味だった、と思われるのであります。

今日、甲骨文中に、10sunsが甲、乙、以下の名前をもって呼ばれたのだ、ということを直接示すような資料は、見当たらないように思います。しかしそのことは、右のような仮説を立ててみることを否定するものでもないと思います。

さて、このような「十個の太陽観」がいつ成立したのかは別としまして、殷人もまたこのような観念をもっていたと仮定してみますと、さらにそれを敷衍《ふえん》して、様々な事柄についての推測が可能になるように思われるのであります。

そのひとつは、殷人のもったであろう「時間観念」といったことについてであります。sun がすなわち day であると考えられたのであれば、sun の出ていない闇の時間は「日」以外の時間だと考えられていた、ということになりましょう。つまり「日」によって示される時間帯は、現在のような二十四時間を指すものではなく、日の出より日没までであり、その後、次の日の出までの闇の時間は、無名の時間帯だったように思われます。自分達の守護神である太陽が出ていない、無気味な時間帯として、それは意識されていたのではないでしょうか。甲骨文中には、「卜旬」といって、「旬」について卜《うらな》いを行なった例が、無数にあります。いま、その一例を挙げましょう(図1)。その末尾を読みますと、

癸未の日に、貞《うら》なった。「旬に𡆥《とがめ》なきか」と。

とあり、これは、十干の最後の日に際して、次の一旬(十日間)に何か災いが降《くだ》されることはないだろうか、と占っているのであります。そして、次の旬の最後の日、つまり癸巳の日には、また全く同様の占いを行っている――これをずっと繰り返していくのであります。そして、この一旬間の災禍というのは、甲日から癸日に至る、太陽の出ている時間帯十回分についての占いと思われます。したがって、夜間に降るかもしれない災禍については、別に占わなくてはならなかった、と思

←
40 癸丑貞旬亡囚

←
30 癸卯貞旬亡囚

←
20 癸巳貞旬亡囚

←
10 癸未貞旬亡囚

図1　卜旬の例（合 34798）

→
42 乙巳卜行貞今夕亡囚在九月

→
41 甲辰卜行貞今夕亡囚在九月

→
40 癸卯卜行貞今夕亡囚

→
39 壬寅卜行貞今夕亡囚在九月

→
38 辛丑卜行貞今夕亡囚在九月

→
37 庚子卜行貞今夕亡囚

図2　卜夕の例（合 26252）

われます。しかも、日中は、太陽の名で呼べばよいし、それを十回分まとめて「旬」という名で占っておけばよかった。しかるに、太陽の出ていない、（つまり何もない）時間帯については、名のつけようがなかったのではなかろうか、と思われるのであります。いまの「卜旬」とは別に、「卜夕」と呼ばれる占いもまた、大量に残されておりまして、その一例を挙げておきます（図2）。

38（数字は六十干支に1から60まで番号を付したもの。干支表は本書173頁を参照）と記してある処を読みますと、

辛丑の日に、行〔という名の貞人（うらない師）〕が占った。「今夕、𡆥《とがめ》なきか」と。九月にあり。

とあります。つまり、ある年の九月辛丑の日の夜、（夕というのは夕方《ゆうがた》の意味ではなく、夜のことを意味しております）何か災禍が降ることはないか、と占っているのであります。そして、こちらの方は、十日ずつまとめてではなく、毎日毎日、当夜のことを占いつづけなくてはならなかったのであります。彼らの時間観念は、太陽そのもの、しかも十個の太陽観——ひいては宇宙観——そのものを基本とし、構成されていたと推測しうるように、私は考えます。

こういったところから、殷人たちの世界観・宇宙観といったものもある程度推測できるのではなかろうか。甲骨文のうちには、世界を支配する最高神として「帝」がでてまいります。帝は、雨・

風・雷等自然界に対してそれらを左右させる権能をもつとともに、王や殷邑の禍福とか、戦争の成否といった、人間界の出来事に対しても権能をもつ、超越的存在として意識されていたことが、甲骨文の記載から明らかでありますが、この「帝」は、また「上帝」「下帝」「上下帝」「下上帝」などとも書かれ、さらに「帝」字を略して、「上下」「下上」とのみ記されていることもあります。これについての研究者の意見はいろいろあり、下帝とは即ち人王を意味したものだと考える人もいるようですけれども、それは違うのではあるまいか。「下帝」とは、「上帝」に対し、太陽の運行をはじめとする地下からの諸現象に対して力を及ぼしうる超越的存在だったのではあるまいか、と思われるのであります。

これら上・下帝の意志は、占卜《せんぼく》を行った際、ヒビ割れとして、亀甲や獣骨の上に表れ出てくる。そのヒビ割れを見て、上・下帝の意志を判断できるものは、ただ「王」のみでありました。甲骨文中での王とは、そういった機能をもった存在であります。このことは、上・下帝と人間世界を結びつける唯一の存在として、王が位置づけられていたことを物語るものでありましょう。殷人の観念世界のなかでの、現実世界の王の位置づけとは、おそらくそういったもの以外だったとは考えにくいように思われます。

そうだといたしますと、こういった王を中心とした、複雑な王族組織もまた、こういった彼らの観念世界と無縁のものだったとは考えにくくなります。

広く知られておりますように、殷の王および王妣は、上甲から帝辛（これが有名な最後の王、紂《ちゅう》でありますが）まで数えますと、六十二名、成湯つまり大乙以降として数えましても、五十四名に達しますが、ひとりの例外もなく、末字に十干名を付しております（殷代の王の系図は本書153頁の表2を参照）。

この十干名が何に由来したかについては、古くから、『白虎通』に「殷人は、生まれた日の干をもって名づけた」という、いわば生日説とでも言うべきものがあり、また、『史記』殷本紀索隠には、死後に祀った廟名によった、といっておりますので、「廟名説」とでも言うべきものがありました。甲骨文研究が始まってからは、この十干名はすべて死者を対象として付された、いわば諡号《おくりな》であるところから、董作賓《とうさくひん》氏は、生日ではなく死んだ日に基づいて付けたのではないか、と考え、陳夢家《ちんぼうか》氏は、世代・長幼・即位順・死亡順などといった要素から機械的に定めていったのだろうという説をだしました。また、本日御出席の李学勤先生は、だいぶ前のことでありますから、現在は御意見をかえておいでかとは思うのですが、王・妣の死後、卜占によって干を決めたのではないか、と述べられたことがあります。

しかし、王名、王妣名を、その系図のうちで詳細に分析してみますと、極めて複雑ではありながら、様々に奇異な、決して偶然によって定められたとは考えられない現象が見られることに気づかないわけにはいかないのであります。今、殷代王室世系図をもとに作成しました王と王妣の十干別および世代別一覧表を御覧いただくと（本書78・79頁）、たとえば、王名は甲と乙と丁が圧倒的に多く、他は少ない。一方、王妣はこの逆で、甲・乙・丁は極度に少ない。また王といっても二種類ありまして、それは王妣をもっている王ともっていない王に分けることができるのでありますが、多くの研究者の言い方に従って、前者を直系王、後者を傍系王と呼んでおくといたしますと、乙、丁の王は常に直系王であるのに対し、それ以外の干の王で直系王なのは、わずか五王しかいない（王の表中で、王名に○を付してあるのが、直系王です）。しかも、このうち第三世代の大甲、第四世代の大庚、第五世代の大戊、第十二世代の且甲の四王は、いずれも何らかの事情による乙または丁の代行（代理）だったと考えられますので、ほぼ毎世代、機械的に乙グループと丁グループから交代で直系王が選出されていた、ということになります。例外は第八世代のときの且辛だけ、ということになります。

こういった現象からすれば、甲・乙……が歿後《ぼつご》の王や王妣に付せられたのは、ある偶然によるものではなく、そこに一定の意味があったと考えざるを得ないのであります。

ハーバード大学教授・張光直氏は、一九六三年に「商王廟号新考」（中央研究院民族学研究所集刊第十五期）という、たいへん興味深い論文を発表いたしました。彼は、王の世系表にみられる前述したような特異現象は、殷王室の構成とその特異な婚姻形態に由来したものだろう、と考えました。そして、甲・乙組と丁組という二大支派および若干の小支派があって、これが父系の交叉イト

| | 癸 | 壬 | 辛 | 庚 | 己 | 戊 | 丁 | 丙 | 乙 | 甲 | 族／世代 |
|---|---|---|---|---|---|---|---|---|---|---|---|
| 世代別王数 | 示癸 | 示壬 | × | × | × | × | 報丁 | 報丙 | 報乙 | 上甲 | (別) |
| 1 | | | | [期成形団族] | | | | | （大乙） | | 1 |
| 3 | | 南壬 | | | | | （大丁） | 卜丙 | | | 2 |
| 1 | | | | | | | | [以降、丙族消滅？ | ←┄ | （大甲） | 3 |
| 2 | | | | （大庚）┄→ | | | [沃丁] | | | | 4 |
| 3 | | | | | 呂己 | （大戊）┄→ | | | → | 小甲 | 5 |
| 3 | | 卜壬 | | | | | （中丁） | | | 戔甲 | 6 |
| 1 | | | | | | | | | （且乙） | | 7 |
| 2 | | | （且辛） | | | | | | | 羌甲 | 8 |
| 2 | | | | 南庚 | | | （且丁） | | | | 9 |
| 4 | | | 小辛 | 盤庚 | | | | | （小乙） | 虎甲 | 10 |
| 1 | | | | | | | （武丁） | | | | 11 |
| 3 | | | | 且庚 | 且己 | | | | ←┄ | （且甲） | 12 |
| 2 | | | 廩辛 | | | | （康丁） | | | | 13 |
| 1 | | | | | | | | | （武乙） | | 14 |
| 1 | | | | | | | （文武丁） | | | | 15 |
| 1 | | | | | | | | | （□乙） | | 16 |
| 1 | | | （□辛）┄→ | | | | → | ] | | | 17 |
| 計32人 | 0 | 2 | 4 | 4 | 2 | 1 | 7 | 1 | 5 | 6 | 族別王数 |

表1　殷王の十干別・世代別一覧表（○印は直系王を示す）

| 世代別王妣数 | 癸 | 壬 | 辛 | 庚 | 己 | 戊 | 丁 | 丙 | 乙 | 甲 | 族／世代 |
|---|---|---|---|---|---|---|---|---|---|---|---|
|  |  |  |  | 示壬 妣庚 |  |  |  |  |  | 示癸 妣甲 | （別） |
| 1 |  |  |  |  |  |  |  | 大乙 妣丙 |  |  | 1 |
| 1 |  |  |  |  |  | 大丁 妣戊 |  |  |  |  | 2 |
| 1 |  |  | 大甲 妣辛 |  |  |  |  | 〔以降、丙族消滅？〕 |  |  | 3 |
| 1 |  | 大庚 妣壬 |  |  |  |  |  |  |  |  | 4 |
| 1 |  | 大戊 妣壬 |  |  |  |  |  |  |  |  | 5 |
| 2 | 中丁 妣癸 |  |  |  | 中丁 妣己 |  |  |  |  |  | 6 |
| 1 |  |  |  |  | 且乙 妣己 |  |  |  |  |  | 7 |
| 2 |  |  |  | 且辛 妣庚 |  |  |  |  |  | 且辛 妣甲 | 8 |
| 4 | 且丁 妣癸 |  | 且丁 妣辛 | 且丁 妣庚 |  |  |  |  | 且丁 妣乙 |  | 9 |
| 1 |  |  |  | 小乙 妣庚 |  |  |  |  |  |  | 10 |
| 3 | 武丁 妣癸 |  | 武丁 妣辛 |  |  | 武丁 妣戊 |  |  |  |  | 11 |
| 1 |  |  |  |  |  | 且甲 妣戊 |  |  |  |  | 12 |
| 1 |  | 康丁 妣壬 |  |  |  |  |  |  |  |  | 13 |
| 1 |  |  |  |  |  | 武乙 妣戊 |  |  |  |  | 14 |
| 1 | 文武丁 妣癸 |  |  |  |  |  |  |  |  |  | 15 |
|  |  |  |  |  |  |  |  |  |  |  | 16 |
|  |  |  |  |  |  |  |  |  |  |  | 17 |
| 計22人 | 4 | 3 | 3 | 3 | 2 | 4 | 0 | 1 | 1 | 1 | 族別王妣数 |

表2　殷王妣の十干別・世代別一覧表

コ婚Cross cousin marriageをくりかえし、王位はつねに、オジからオイへと引き継がれたのではないか、と考えたのであります。

今、詳細に亙《わた》ってこの説について論ずる余裕はありませんが、この説は学界において大いに注目され、これを巡って、いくつもの新説があらわれたのですが、かえって問題は複雑化の方向をたどり、混迷の度合いを深めていったといえます。

一九八〇年にいたり、持井康孝氏は、「殷王室の構造に関する一試論」(『(東京大学)東洋文化研究所紀要』第八十二冊)という論文を発表しまして、一九三七年の第十五次殷墟発掘によって発見された、二〇〇片余りの特異な甲骨群の分析を行いました。その結果、この甲骨群にでてくる男性の物故者の名は、すべて「丁」がつけられているが、女性物故者には様々な十干名を付されている。「王」という語は、例外的にただ一回でてくるだけである、等々の分析結果から、この甲骨群は、一般の、王朝において行われた卜辞《ぼくじ》群とは異なって、王室の一支族たる「丁族」が、その族内で行った卜辞群であろう、と考えました。そして、さらに、このことから敷衍して、

①殷王室は、十個の父系の(母系ではない)血縁集団から成っていた。

②その十個の集団間では内婚が行われ、その際の外婚単位は、十個の父系血縁集団であった。

と考えたのであります。これを簡単に図示してみると、ほぼ、次のようになりましょう。

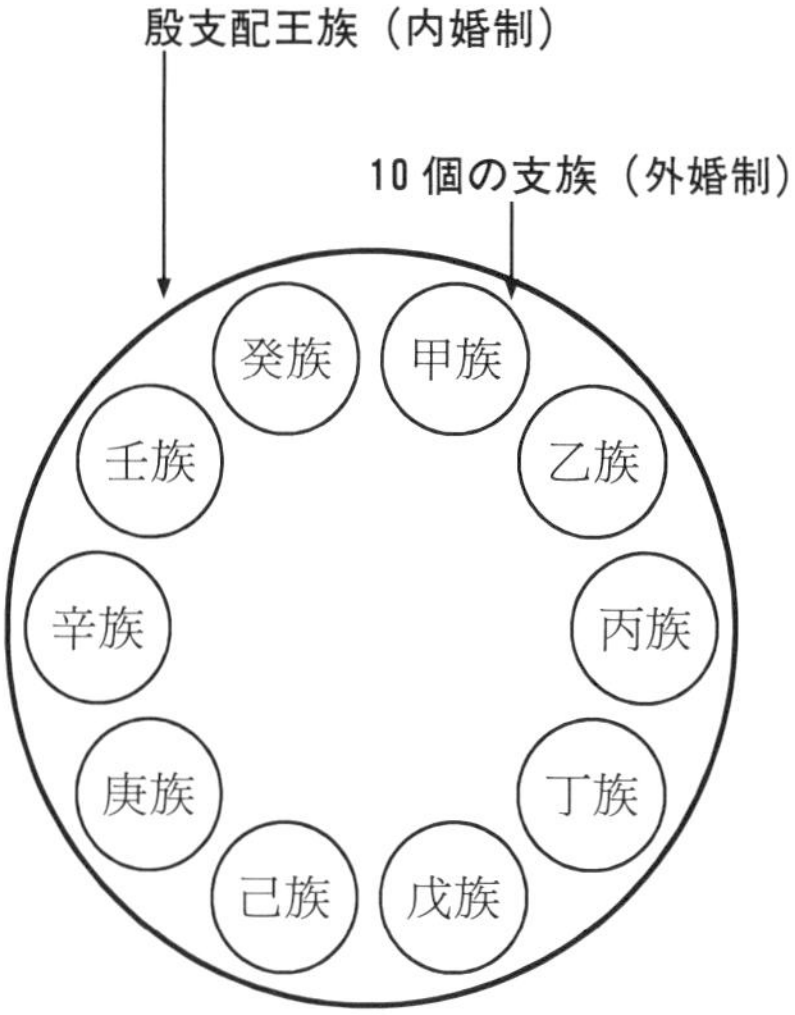


いろいろ細部に問題は残りますが、基本的には、持井氏の考えは、正しいと、私は思います。

持井氏の指摘はほぼここまででありますが、はたしてこのように考えうるものであるなら、いったい殷の王族は、なぜ内部に十個の外婚単位をもつ血縁集団というささか不思議な構造をもったのでありましょうか。

ここまで、こうお話しすれば、私が申したいのは、これは彼らが自己のもった太陽観——十個の太陽というあの特異な観念に自分たちの組織をなぞらえたかったからだ、ということは、おわかりいただけるのではなかろうかと存じます。そして、当然、自分たちの個々の支族もまた、太陽と同様、甲、乙、丙……の名で呼んだのでありましょう。

彼らが、極めて意図的に、ないし作為的に十個の血縁集団を作り上げるよう努めた痕跡は、その世系図を分析することによって、ある程度、推測できるように思います。

78・79頁の表に戻りますと、成湯（大乙）による殷王朝創建時には、十個には満たず、とりあえず、六個の支族でスタートしたのかと思われます。それが、その六族の始祖神として公認されたのが、上甲、報乙、報丙、報丁、ついで間を四つ置いて、示壬、示癸の六神だったのではあるまいか。もっとも、示壬の妣は、妣庚なので、すでに、残余の四族も、ある程度、形を整えつつあったのかもしれません。そして、この二表を仔細に比較しますと十個の支族があったとしても、そこにははっきりとした強弱の差があって、直系王を出す乙、丁二族ならびに甲族と、ほとんど傍系王と王妣だけを出す戊から癸に至る六族とに分かれている、といえます。丙族はおそらく、当初は、三報族（乙、丙、丁族）のひとつとして、直系王派出集団であったろうけれども、乙と丁という二大支族のハザマで、事実上潰滅してしまったのではなかろうか。

以上のようなことから、読みとれるのは、殷王朝創設のかなり初期から、事実上は二大支族によって殷王室が運用されていったにも拘《かか》わらず、彼らは、たてまえ上、あくまで並存する十個の支族より成っているのだ、という大原則に固執しつづけたと思われる、という点であります。そしてそれは、彼ら支配王族全体が、太陽の末裔である、との観念をもっていたことに由来するのではないか、と思われます。

古代において、支配者となったものが、自らの支配の権力の由来を、自らが太陽の末裔であると主張するところに求めるのは、極めて一般的であります。ハンムラビ王は、自らをバビロンの太陽である、と称しましたし、ヒッタイト人の間では、〝王は常に太陽として語られる〟といわれております。インドでは、マヌ法典のうちに、「王は、太陽と風と、ヴァルナ（話と富の王）から作られた」とされております。タヒチでは、王は太陽と同一視されていた、といいますし、ペルーのインカ人は、王を太陽の代理と見做《みな》した、ということであります。日本について、今、言うまでもないと思います。いずれも、支配者ないし支配者群が、自らは太陽の子孫であると主張することによって、被支配者に対する優越性を獲得しようとしたものであります。

殷代の王や王族たちも、自らが太陽の子孫であると主張しましたが、ただ、彼らにおいて特異だったのは、彼らの観念では太陽は十個あるために自らの組織もこれに対応した十個の支族にせねばならぬと考え、これを実行したという点にあったろうと思われます。

甲骨文によりますと、上甲以下の祖先神は著しく整序された厳格な規制のもとで、定例祭祀を享《う》けておりました。それは、各先王先妣が、いずれも、その巡ってきた日、上甲であれば甲日、大乙であれば乙日に祭祀を享け、五種類の祭祀を各王・王妣に対して行うと、それでちょうど一ヶ年になるといった厖大《ぼうだい》な祭祀体系をつくりあげ、また、これをもとに暦もつくられていた。彼らは自らの祖先祭祀を無理矢理、彼らの理解したところの太陽の運行にはめこんでしまったのであります。そして、おそらく、そういった祭祀を行いつづけることが、彼らの支配の永続化につながるものと意識されていたものと思われます。

こうしてみますと、これまで述べたところに大過ないなら、殷の支配民族の懐《いだ》いていた十個の太陽観とは、まずその出自を説明する原理であり、支配者としての権力の由来についての説明原理でもあり、それとの関わりの故に重視された祖先の体系化（＝祭祀）の原理であり、その反映としての現世の支配組織の構成原理でもあった、ということになりましょう。加えて、彼らの時間観念もまたこれを基礎に構成されていたために、日出・日没によるいちにちの単位、一旬の観念、一年の観念もすべてこのような太陽観に由来していましたし、したがって、暦もまた太陽観を基礎としておりました。彼ら殷人の観念世界は、このような太陽観のもとに、実に見事にしてゆるぎなく壮大な体系化がなされ、それが現実世界での支配原理として機能していたもののように思われます。そして、そうであるとすれば、このお話の冒頭に述べましたような、殷人の奇怪な文明――たとえば、骨卜とか大量の人身犠牲とか怪異な紋様の青銅祭器とか巨大な王墓とか――もまた、こういった殷人の観念世界のなかでの一環として、理解され位置づけられなくてはならないように思われます。

先程申しましたように、殷代の王とは、占卜との関係でいうと、貞人が焼灼《しょうしゃく》してできた卜兆を見て、その吉凶を判定しうる地上唯一人の存在でありました。卜兆とは、彼らの観念上の支配者（上帝と下帝）の意志の表れだったのであり、それを読みとり得るのが王だけであった、ということは、帝の意向を、人間世界に媒介しうる唯一の存在であった、ということになりましょう。そして、この存在は、歿後、太陽の名を与えられて、地下深くに営造された大墓中に、埋葬されたわけでありますが、それは、地底深く住んでいる太陽に近づくよう、地下深く作られねばならぬものだったのかもしれません。また、その王墓の豪壮さというものは、歿王の生前における支配者としての権力の偉大さを讃美するためではなく、十個の太陽のそれぞれの末裔である祖先神の、さらに末席に列することになった歿王が、今後、人間世界をよりよく守護してくれるよう、現世の王族たちが祈念を込めて、作ったものだったのではなかろうかと思われるのであります。

殷周革命によって、殷の支配王族の組織は崩壊しましたが、このとき、上古以来の神話的観念の世界もまた、崩壊したのではないでしょうか。新たな支配者・周王族は、はじめに申しましたように、このような殷人の観念世界とは異なった理知的な世界観をもっていたように思われます。

しかし、一朝、革命があったとしても、それは支配者の観念として崩壊したに過ぎず、尽《ことごと》く地を払って、そういった観念が消滅するということもなかったはずです。西周になってからの金文中には、青銅祭器の作器者が、その祖先名を、「日甲」「文考日癸」「文辟日丁」「文母日庚」などと記している例が多くありますが、これらはおそらく、殷の遺民による作器中に見られるものではないかと思います。これらは、西周初期から中期にかけての金文中に、少なからず見られます。

殷人の観念世界——今日のわれわれからすれば「神話的世界」とも呼ぶべきもの——は殷周革命後、散り散りになった殷の支配王族たちが、しばらくは自分たちの文化として持ち続けていたものの、徐々に新しい時代の波のなかに吸収され、人々から忘れ去られ、ごく断片的に、いくつかの古典のうちに、その面影を止《とど》めるに至ったのではなかったでしょうか。

多くの仮説を積み重ねた話ではありますが、「殷という時代」について、わずかな史料を組み立てながら、このように想像している次第です。

# Ⅳ　「甲骨文」における「書体」とは何か

## 問題の所在

河南省安陽のいわゆる殷墟《いんきょ》から出土した甲骨片は、数え方にもよるが、十数万片とされ、ほぼ紀元前十四、十三世紀の交より同十一世紀の中ごろまでの二百数十年間にわたる、在位した王でいうと第二十二代の武丁から第三十代の末王帝辛に至る九王の時代の所産である、と考えられている。

冒頭から、奇妙な計算をもちだすようであるが、この間を仮に二百年（＝七万三千日）として、十五万片が現存するとすれば、現存甲骨片は、この長期間にわたって、毎日欠《か》かさず二片ずつが生産されていたことになる。仮に当時作られた甲骨片の十分の一が発見されているとするなら、毎日二十片ほどが作られていた計算になる。もっとも、これは、現存甲骨の平均的な大きさ（断片）を前提としての話であって、断片の二十個は、大略完整な亀甲や牛肩胛骨の一枚分くらいに相当するであろうか。そうであれば、殷後期ともいわれるこの時代、完整甲骨の各一枚ずつ程度が、毎日、王朝の占卜《せんぼく》のために用いられ、一枚には百字～二百字くらいの卜辞《ぼくじ》が刻字され続けた、と想像してみて、それほど大きな見当ちがいではないかもしれない。こういった量的な推測は、古代史料に関して様々な想像をしていく前提として、かなり重要なことである。（ある甲骨一枚、たとえば『殷虚文字丙編』中の多数の完整亀版やいわゆる河井大亀のように、これら各々が数十日間にわたって使用されていることがむしろ通例であるが、そのことは、上記の推算と矛盾するものではない。占卜は、その内容ごとにいくつもの甲骨を同時並行して用いるのがふつうだったからである。）

さて、本稿で問題としたいのは、殷の王室の内部で、あらまし右のような数量の甲骨が日々作り出されていたとして、そこに見られる文字の「書体」は、二百数十年間に、五回ほど大きく様変わりした、といわれる。これが、甲骨のいわゆる「断代研究」の成果による「五期区分」である。一九三三年における最初の提唱者・董作賓《とうさくひん》によれば、

第一期　武丁時代　「雄偉《ゆうい》」
第二期　祖庚・祖甲時代　「謹飭《きんちょく》」
第三期　廩辛《りんしん》・康丁時代　「頽靡《たいび》」
第四期　武乙・文武丁時代　「勁峭《けいしょう》」
第五期　帝乙・帝辛時代　「厳整《げんせい》」

に区分しうるのであって、各期それぞれに独特の「書体」を示し、右に示したように、たとえば第一期についていえば、「雄偉」と評しうるような立派で堂々とした書風のものである、とした。

断代研究そのものは、その後の研究者によって様々に検証され、精緻化されて今日に及んでおり、その成果を甲骨研究の基底に据えることができる。これに基づいた甲骨分類が多方面での甲骨研究に応用され、多大の成果を挙げてきたことも、広く知られているところであろう。その基本的な論理過程に疑問を呈する研究者はいない、といってよい。

ただ、その中で論じられ、またその結果、実際に断代研究中に応用されている「書体」論に限定

して問題を考えてみると、実は様々に疑問が生じてくるようである。たしかに、断代研究の結論として提唱された「書体」論は、現実に一片の甲骨の時期を判定する際に、極めて有効である。経験を積んだ甲骨研究者であれば、任意に示された一片の甲骨片に、わずか三、四字しか刻されていなくても、内容にかかわらずその「書体」から、おそらく九割以上のものについては、一見たちどころに右の五期区分に基づいて、第何期の甲骨、といい当てることが容易なはずである（誤解のないようにいっておくと、ごく一部に、書体から決定しがたいものも残ることも事実であるが……）。

しかしこのことは、逆に「甲骨文」の場合、「書体」のみから、何故そこまで確実な分期が可能になるのか、が疑問とされねばならないであろう。ひろく中国書道史を考えてみて、殷周金文であれ、木簡であれ、石刻であれ、敦煌文書であれ、そういった、ある程度まで大量にまとまったものとして今日われわれが見ることのできる古文字資料は、いずれも何百年間かにわたって作製されているのであり、その間にそれぞれが独自の時代的変遷を遂げ、したがってそこには「書体」の変遷が、ある程度までは見てとれるし、そのこと自体が重要な研究課題になっていることは、今さらいうまでもない。しかし、各分野の研究者の努力にも拘《かか》わらず、それは決してそれほど明確なものではあり得ず、変遷自体、非常に複雑なプロセスを示す。

一例を殷周金文に採るなら、ほぼ殷代後期と目しうる金文はたしかに存在するけれども、「書体」のみからでは、それが西周初期のものと明確に区分しうるかというと、必ずしも厳密には区別しがたく、語句や文章内容といった書体以外の要素に頼らざるを得ない場合がほとんどである。かつ、殷代後期と判定し得たものについても、「書体」上多様なものが存在し、単にその「書体」から前後を決定することも不可能に近い。西周中、後期の金文についても、同様のことがいえよう。

こういったことは、古文字資料のみならず、あらゆる場合に一般的にいえることで、そのよい例が、考古学における土器の編年であろう。考古学者は、土器の器形、材質その他を指標に類似点と相違点を抽出し、その変遷を跡づけようとする。その結果、多くの場合、考古学者はまず一定の時期の器物を前・中・後期に区分する。しかし、必ずその中間的な、どちらつかずのものが残り、時期的に細分化することによって、それを説明しようと試みる。また、一線的な変化では説明しきれず、いくつかの複線的な変化を考えだす。かくて、分類は限りなく細分化されていく。ただし、そこには必ず、あるなだらかな変化が見てとれるようになっていく。このことは、たとえば日本の縄文式土器の編年研究の現状を想起してみればよいのであって、これは、考古学的なモノに対する観察の結果、常に出てくる現象である。

文字もまた、人間がつくったモノのひとつである。モノである以上、その歴史的変遷のしかたが、右の原則から外れることはあり得ない。金文や木簡等々の文字の変遷を想起してみても、土器以上に複雑でこそあれ、原則的には右の事情と何ら異なるところはない、と思われる。

しかるに、「甲骨文」の「書体」の変遷のありようは、これと極端に異なるというべきであろう。

二百数十年間の所産の多数の「甲骨文」を、書体的にいくつかの群に、かなりシャープに分類してしまうことが可能であり（であるからこそ、単に「書体」だけから、どの群に属するかを迷わずに指摘できるのである）、しかも、それを時期的に一線に並べた際の〝変遷〟は、決して〝なだらかな変化〟を示すものではなく、「謹飭」グループが、突然、「頽靡」グループになったり、「厳整」グループに移り変わったりするのである。このような〝変遷〟は、考古学での様式上の変化のしかたや、また書道史において想定されているであろうような〝書体の変遷〟観には決してなじまない、別個の説明原理が必要となると、いわざるを得ないようである。

その点を考えるのが、〝「甲骨文」における「書体」とは何か〟を考える、最も基本的な課題であろう。それは、書道史の劈頭《へきとう》でまず「甲骨文」が紹介され、それが書体変遷史の第一ページとして、殷代における「書体」の変遷として語られてよいものであるのかどうか、といった問題でもある。

**董氏断代研究における「書体」論**

董作賓は、右に述べた「断代研究」において、それを可能とする方法を「十個の標準」と称し、以下の十則を挙げている。

一、世系
二、称謂《しょうい》
三、貞人
四、坑位《こうい》
五、方国
六、人物
七、事類
八、文法
九、字形
十、書体

いま、このすべてに立ち入って説明を加えている余裕はないけれども、われわれがこの際注意しておかなくてはならないのは、この「十個の標準」とは、(董氏は決して論理的に個々の「標準」のもつ意義の位置づけを明示しているわけではないけれども) 決して並列的に等価値をもつものではないという点である。ごくはしょって、董氏のいうところを分かりやすく勝手に整理すると、次のようになろう。

董氏の研究以前の段階で、王国維その他の努力により、「甲骨文」と古文献との比較研究から、

殷王及び殷王妣に関する世系表が確認されていた。（本書153頁の表2を参照）

ところで、殷王の名は、すべて、上甲・大乙・盤庚といったように、十干が付せられているが、現実に「甲骨文」中では、その時の王から見て父・母・兄に当たる人には、上、大、盤といったいわゆる廟名は用いずに、父□、母□、兄□といった呼び方をしている。だから、仮に一片の甲骨中で同時に「父丁・兄己・兄庚」と呼んでいるとすれば、それは、右の世系表中で、第二十四代祖甲から見た呼び方である場合しかありえない。かくて、この一片は祖甲時代に作られた、と確認できる、と考えた。これが第二標準たる「称謂」（祖先の名の）呼び方）の論理である。この方法によって時期決定しうる甲骨片は、まことに例外的なごくわずかな片数であることは、いうまでもない。しかし、断代研究を可能にした論理とは、基本的にはこれだけなのであって、つまり、「称謂」を媒介として世系表のなかに固定しうる甲骨片を発見する、ということに尽きる。

ただ、そのようにして時代を確定し得た、いわば「標準甲骨」を基礎に、如何《いか》にして全甲骨片にまで「断代」を敷衍《ふえん》し得たのか。それが、三の「貞人」以下、十の「書体」までの八個の「標準」なのであるが、それは、わかり易くいえば、似たもの（＝同時期のもの）をグルーピングするための論理だったのである。グルーピングさえ正確であれば、そのうちに一片でも「標準甲骨」を指摘しうるかぎり、グループ中の全甲骨の時期決定ができる理屈だからである。

この際、最も有効な「標準」と見做されたのが、「貞人」である。その甲骨の占いにたずさわった人物であり、必ずどの甲骨片にも見られるというわけではないが、当該甲骨にその名が記されている場合が少なくない。かつ、一片の甲骨中に複数の貞人名があれば、それら貞人が同時期に活躍していたことが判明する。これが最も確実な指標たりうる、と考えられたところから、貞人の抽出とその群別が、断代研究上の極めて重要な作業となった。董氏の他、代表的な研究成果によって期別に認定された貞人数を示すと、次のようになる。

| | I | II | III | IV | V |
|---|---|---|---|---|---|
| 董作賓『甲骨学五十年』（一九五五年） | 25 | 16 | 13 | 17 | 5 |
| 陳夢家『殷虚卜辞綜述』（一九五六年） | 73 | 22 | 18 | 1 | 6 |
| 島邦男『殷墟卜辞研究』（一九五八年） | 36 | 24 | 24 | 24 | 6 |

しかし、もとより全ての甲骨片上に貞人名が記されているわけではないから、これだけを指標に全甲骨をグルーピングするわけにはいかない。そこで補助手段として考えられたのが、「坑位」（出土坑の位置。あるものは正式発掘品のため、出土坑ごとにグルーピングしうる）、「方国」（殷と関係のあった国名が、ある特定時期にのみ占いの対象として出てくる）、「人物」（特定人物の名を指標にできることがある）、「事類」（占いの対象事項に時期的なかたよりがみられる）、「文法」（語法、言葉づかいにある時期の特色が表れる）等であるが、これらは時として有効ではあり得ても、むしろまれに適用しう

る例外的な補助手段と呼びうるものに過ぎない。しかし、九の「字形」と、十の「書体」の場合は、決してそうではない。仮にどのような内容の少字数のものであれ、「字形」と「書体」とは、当該甲骨に不可避的に表れる。ここで「字形」とは、文字の筆画上の差違（Construction）を意味し、「書体」とは、前記の「雄偉」等々の評語で示されるようなStyleを意味する。たとえば、「王」字が・と書き分けられるのは、字形上の差異であり、・と書き分けられるのは、書体上の差異と見るのである。

さて、貞人を指標として群別してみると、そこには極めて顕著に「書体」上の区別が浮かびでてきた。いちはやくそれに気づいたのは、董氏の功績であった。細かく検討していけば、いろいろ問題はでてくるものの、貞人別にしてみると、そこに画然とした「書体」上の差違が見てとれるのであれば、「断代研究」にとって、これほどありがたいことはない。董氏は、それら各期の「書体」の特色について、いかにも中国人らしい評語を与え、グルーピングのための指標たりうることを強調した。

ここまでは、董氏の論理過程に大きな誤りはなかったのである。そして、現実に、こういった標準に基づいて「甲骨文」の時期区分をしてみると、多くの場合、それは整合性を示したし、その結果、ほんの二、三字を残す零片《れいへん》でさえも、ほとんど誤りなく時期区分することができるようになって、甲骨研究は飛躍的な展開を見せることになっていったのである。

さて、貞人群によって群別した甲骨片は、右に述べたように、見事に均一の、ないしは極めて類似した「書体」を示した。別の表現をすればこのことは、貞人による群別と、「書体」による群別が、きれいに対応したことを意味する。この際、例外は捨象する。大部分の甲骨において、この現象が確認されたのである。かくて、董氏は考えた。貞人がこれら甲骨を占ったあと、自ら書契したのである、と。

これは、一見なかなか合理的な説明であった。かくて、「断代研究例」の見事な論証に幻惑されて、「甲骨文」は貞人の書跡である、といった考え方が一般のものとなった。そしてそれを基礎として、各時期における「甲骨文」の「書体」の特色ないし変遷が、説かれるようになっていったのである。

## 書契者は誰か

しかし、ここに大きな陥穽《かんせい》があったと考えるべきであろう。右に示したように、各氏の研究によって明らかにされたところによれば、各期には相当数の貞人がいる。彼らが各時期において、自らの占卜した甲骨に自ら書契したとするなら、単にその時期における特徴的な書体をいっせいに示し、それらが一時期において極めて均一的なものであり、それに継起する時期においてはまた別個の、しかし多数の貞人たちがいっせいに異なった、しかしグループとしては著しく均一な「書体」

をもって書契した、などということが、想定されなければならなかったはずである。

本稿で、初めに問題提起しておいたように、書体変遷とは、他の資料群においては、決してそのようには起こり得ないことなのである。何故、ひとり「甲骨文」の場合のみ、かかる事態が起こりうるのか？　断代研究の過程のなかで強調された書体変遷観は、断代研究のためには極めて有効であった。しかし、いささか逆説的ないい方になってしまうのだが、「甲骨文」においては、何故に書体観に基づいた断代（編年）が、かくも容易に可能であったのかが、説明されなくてはならなかったはずなのである。

しかし、董氏が考え違いしたこと――と私は考えるのだが――ではあるものの、そのことは、さして説明困難なことではないようである。私は、まず第一に、「甲骨文」を書契したのは、決して各期に相当多人数いた貞人ではあり得ないこと、第二に、甲骨文の各期契刻者はごく限られた人数であったと考えることによって、充分説明しうるもののように考えるのである。

実は、すでに三十年近く前になるのだが、私はこのことについて、ごく簡単に書いたことがある。当時の奎星会出版部から『甲骨文字』（一九五九年十月刊）という単行本を刊行していただいた際、次のように記した。少々長くて恐縮だが、引用させていただく。

しかし、こういった補訂を認めた上で、実際に甲骨文に対するとき、じつはかなり大きな戸惑いを感じさせるものがある。というのは董氏は、貞人は当時の史官であって、甲骨文の書契者であった、したがってその書風は各貞人のものである、とした上で以上の書体論を展開しているためなのである。ところが、ある一貞人を取り上げてみても、実は何種類かの明瞭にその相違を指摘しうる書風のものがたくさんある。たとえば第一期の代表的貞人である賓は、この期の典型とされた大字雄偉な書風の甲骨文にその名を残していると同時に、第一期としてはかなりくずれている異質の書風や、貞人名を隠されれば殆ど第二期と区別しがたい様なものをも残している。しかも一方では、この賓は同じ第一期の貞人である㱿・争・亘などと共に、全く別人の作によるとは思えない程に酷似した書風の甲骨文にも署名している。各貞人が、自分の貞卜した卜辞を自ら書契するのであれば、当然その貞人固有の書風があらわれてしかるべきであろう。この事は、董氏が貞人は同時に契刻者であったと断じたことの再検討を要求するのではあるまいか。私はむしろ貞人と契刻者は別人であったと考えたい。各期には、貞人集団とは別箇の数人から成る契刻者集団が存在したのではあるまいか。かく言いながらも、未だ書体からの甲骨文の分類整理を怠っている私には、各期に何種類くらいの書体があるのか、したがって契刻者集団の構成員数がどのくらいだったかを残念ながら指摘できないが、貞人数よりはずっと少人数だったろう程度には予測してさしつかえなかろうと思っている。董氏が第一期の典型的書風としたものは、実は唯一人の契刻者の作によるのではあるまいか。貞人賓には、この契刻者によって刻られた卜辞があると同時に、第二期まで生存したためにこの期の契刻者にもその卜辞が刻られたのであろうと思う。融・争らに第二期的文字が見られないのは、賓よりも短命であったからではなかろうか。第五期には貞人名が殆どみられないが、それでも五、六名が検出されている。しかしこの期は全く純一といってよい書風を示している。第五期には唯一人の契刻者しかいなかったのではなかろうか。

一時期に数人から成りたつ（時にはそれが一人であったこともあろう）契刻者集団を仮設してみれば、その狭い集団内部での知識・技術の交換があったろうから、そこには当然字形および書体に関して共通の傾向が、その期の特徴として表われ出る可能性のあることは容易に想像できる。私見によれば、字形および書体の変遷とは、実は殷室に仕える極めて少人数の契刻者集団の構成員の世代交代による慣習や技倆の変化に過ぎないものであった。（『甲骨文字』第八頁）

今に至るも、私のこの考え方は、基本的には変わっていない。私自身この問題について、その後これまで言及するところはなかったし、またこれについて引用した人は、日・中の研究者では私の知るかぎり全くなく、ひとり米人・カリフォルニア大学教授のキートリー氏が、一九七八年に、その著『商代史の史料』四九頁の「契刻者」の節で〝松丸の仮説〟として引用して、賛意を表しているに留まる。また、この問題に比較的近似した立場から論じたものとして、浦野俊則氏「甲骨文字の貞人と刻者について」(『書学』第二七巻第一号、一九七六年一月)があり、ここでは「貞人すなわち刻者とはいいきれない」が、「そうかといって、書刻(記録)を役割とする人間が、貞人とは全く別に存在したという証拠はない。そこまで職能分化は進んでいなかったと思う」と述べているものがあるのに留まるようである。浦野氏のこの見解は、先の私の理解とは、殊に貞人と書契者の関係をどう見るかについて、やや相違点があるものの、全く無関係に独立に、私と極めて近似した結論に達したものであって、私としては高く評価したい。

しかし、こういった考え方はまだまだ少数派で、大勢としては、董作賓以来の貞人イコール書契者説が通用しているようである。

昨年秋、中国における「甲骨文」研究の権威である中国社会科学院歴史研究所の胡厚宣先生が来日され、読売新聞社と東方書店の依頼で、「甲骨学の現在」と題する対談を行ったが(「読売新聞」昭和六十二年十二月一日~四日夕刊連載、『シンポジウム　中国古文字と殷周文化――甲骨文・金文をめぐって』東方書店、一九八九年、再録)、その際、胡氏は、「甲骨文」の書体論として、董作賓の書体論をそのままに今も継承されているのを知った。また、一昨年刊行された天理参考館所蔵の甲骨図録の中に「甲骨文字のある風景」という座談会があり、神戸大学の伊藤道治氏は、

(問)――で、(甲骨文字を)書いた人はどんな人ですか。

(伊藤)――「貞人」といわれるグループによって書かれるのです。

と述べている。甲骨文字の一字を「グループが書く」というのはどういうふうにやったのか、イメージをもちにくいが、それはとにかく、董氏の貞人書契者論が、そのまま受容されているのは確かのように思われる。

## 結語

今まで、「甲骨文」の「書体」にまつわる問題点を、従来の研究史に則した形で、問題を整理しながら書いてきたつもりである。そこで以下に、現在私の考えるところをまとめて書いて、とりあえず本稿をしめくくっておくことにしたい。

まず、第一に強調されるべきは、貞人は書契者ではない、ということである。貞人の総数は、二百数十年間で百名を優に越える。しかし、「書体」の数は、それほどはない。極めて大胆に、大雑把な数字を示しておけば、王朝卜辞の範囲でいえば（この問題は、のちに略記する）、十〜十五種類程度と考えるのが、よいところだろう。この数は、すなわち、殷代二百数十年間における王朝卜辞の書契者の数であろう（そしてさらに私は、書契者は原則的には、〃一時に一人〃だったのではないかと疑っているのだが、それは示唆するに留め、再考したい）。

第一期武丁期には、四〜五名程度の書契者を考えるべきであろう。おそらく武丁期は、四〜五十年間にわたっていよう。ただ難しい問題点は、たとえば、一人の書契者が二〜三十年程度にわたって甲骨を刻成したとすると、当然その間に、「書体」上相当の変化があったことを予測しておかなくてはならない点である。その点が、「書体」のみによる「甲骨文」の分類を困難にさせる、最大のネックであろうと思われる。第二期前半には一人、第二期後半にも一人を予想しておけばよかろう。問題は、第三〜四期で、ここではかなり複雑な状況がでてくる。全体で五〜七人程度の書契者を想定すべきだろう。第五期は相当長期間にわたったと思われるにも拘わらず、唯一人の書契者によって刻成されたことは、ほぼ確実だと思われる。

それほどの少人数で、あれほど大量の「甲骨文」が刻《ほ》れたのか、という反論もあろう。しかし、私は充分刻りえたと考える。その故にこそ、本稿冒頭で、在りしはずの甲骨の総量の推算をしたのだが、それによれば、書契者は、日々、大亀二〜三版に、数百字を刻《こく》せば充分だ、ということになる。「甲骨文」は、一画を一刀で刻している。数百字を熟達した書契者が刻するには、ものの一時間もあれば充分だったろう。慣れてくれれば、一刀刻りの場合、書くのと刻るので、それほどスピードは異ならないようである。

右の書契者の推定人数は、あくまで王朝卜辞についてであり、殷墟発掘の甲骨中に少数見出される非王朝卜辞（異体卜辞）については、この際、別個に考えておかないといけない。いま、この問題に深入りしている余裕はないので、この点に興味ある方は、持井康孝「殷王室の構造に関する一試論」（『東洋文化研究所紀要』第八二冊、一九八〇年）中の、「王朝卜辞と非王朝卜辞」の章をご参照願いたい。

断代研究の〝理論篇〟は、世系・称謂・貞人論を軸に、早く一九三〇～五〇年代に大綱ができあがった。しかし、その〝応用篇〟は、書体論を軸に「甲骨文」の全体に及んでなされるべきであるにも拘わらず、未だ緒についていないのが現状であろう。

全甲骨を、純粋に「書体」のみに基づいて分類し、編年する作業が、ぜひ必要なのである。この仕事は、近年、かなりやり易い条件ができた。中国での『甲骨文合集』全十三冊の完成がそれである。主要甲骨のすべてを収録し、断代が施されている以上、従来より格段と全体の見通しがたて易くなった。図版を中心とした「書体」による甲骨分類を、是非てがけてみたいものである。書契者はその名を、もとより甲骨文中に残していない。だから、仮の名を与えて十数万片の片端から書契者を判別決定していけばよいのである。仮名の数は、十干では不足だろうが、アルファベットなら充分余るだろう。

第二に強調されるべきは、第一の論点から出てくるものではあるが、「甲骨文」における各期の「書体」とは、決してその時期、殷王朝を風靡していた書風といった一般性のあるものなのではなく、単にその時期に仕事をした書契者の個人的なクセだったろう、という点である。そうであればこそ、何らかの事情で（歴史研究者としては、その事情が何であったかにこそ、興味があるのだが）、書契者が交代し、したがって「甲骨文」の「書体」も極端に一変する、という状況が現出したに相違

『殷虚文字・甲編』2122片の下半（1929年秋、殷墟第三次発掘の収得品・図版）

董作賓により「貞人」発見の端緒となった“大亀四片”中の一片。この中に、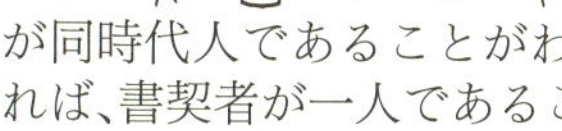の六人の貞人の名が見え、これらが同時代人であることがわかる。しかし、その「書体」からすれば、書契者が一人であることは明瞭であろう。

ない。そうでなければ、「書体」がシャープに変化すること、変化の流れに一貫性、歴史性がないことが説明できないし、また、断代に「書体」が有効な武器たり得ていること自体をも、説明できないはずなのである。それは、金文で、「書体」が断代研究に有効ではない（少なくとも、「甲骨文」とは段ちがいに有効ではない）こととの間に存在する問題性を、明確に意識しておくべきだ、ということでもある。

その意味で、中国書道史の第一頁で「甲骨文」について語られるとき、断代研究でいわれるところの「甲骨文」各期の「書体」が、殷代におけるその時期全般の書風を示すものとして提示されるのであれば、それは誇大な一般化だといわざるを得ない。ここで問題にしている通常の王朝卜辞の外にも、同じ王室内であるにも拘わらず、全く異なった幾種類もの「書体」が、並行して用いられていたのである。書道史における「甲骨文の〝書体〟」論は、基本的なところから考え直していただかないと、いけないのではあるまいか。

# V 古文字〝解読〟の方法

## ――甲骨文字はなぜ読めたのか

## 解読の要件

中国の古文字、とりわけ、その代表格としての甲骨文や金文は、どのようにして解読が可能になったのか、ないしそれはどのように研究されてきたのかについて、簡明に解説せよ、というのが、編集子から筆者に与えられた課題である。

全く未知の古文字が発見され、それが解読されるためには、私見によれば（このような説は聞いたことがないが）、ほぼ次の三要件が必要であろう。

①表音文字であること（その結果、そこで用いられている文字数が、比較的限定されている）。

②記されている言語が既知であること。

③一定量の纏《まと》まった資料が提供されること。

例えば、この要件が充《み》たされたものとして、エーゲ海クレタ島で発見された、いわゆる〝線文字B〟(Linear B) がある。今世紀初頭に発見されたが、一九五〇年代にその資料の多くが出版されると、かなり短時間のうちに、解読が可能となったが、これは、五つの母音にもとづく（日本語にごく類似した音韻体系の）九十余個の表音文字からなり、記されている言語が、初期ギリシャ語であることが突き止められると、あとは全面的解読のためには、さして長大な時間は必要ではなかったのである。(1)

これに反し、例えば契丹《きったん》文字の場合でみると、そこに記されているはずの契丹語そのものが失われてしまったために、漢文との対訳資料の存在、といった一見有利と思われる好条件に恵まれているにも拘わらず、未《いま》だに解読には成功していない。これは、先の三要件のうち、第二の要件を欠《か》いているのである。(2)

また、前三千年紀の古代インドのいわゆる「インダス文字」は、文字数の少ない印章資料のみのため、多年に亙《わた》る多数研究者の努力にも拘わらず、今も未解読のままである。(3) これは第三の要件を欠いている例というべきであろう。

## 甲骨文字の性格

さて、それでは初期漢字については如何《いかが》であろうか。敢えて前記三要件に当て嵌《は》めて言うなら、漢字は第一要件を欠いているのである。

漢字は表音文字ではない。世界中のすべての文字は、その形成原理から言うなら、①表音文字、②表意文字、③その混淆、の三種類に分類されうると私は考えている。漢字は、そのうち③に分類されるべきものである。基本は、表意文字であったろう。六書（この説明は省略する）のうち、指事文、象形文、会意字は表意文字であるが、形声字は、意符と音符の合成であるから、(4) 総体としての漢字は、その一部に音の要素を持っていることは否定できない。ただこれを歴史的に言うと、後漢時代に作られた『説文解字』九三五三字の約八〇パーセント、清代に作られた『康熙字典』約四万七千字の約九〇パーセントが形声字だとされるが、或る研究によれば、すでに釈義の明らかな甲骨文字一二二六字のうち、形声字は三三四字（二七・二四パーセント）であるとされている。[5]このことからすれば、原初の漢字における文字構成の原理は音の要素を含まず、次第に文字数が増加するに従って、ある段階で音の要素を採り入れることが始まり、時代が降るにつれて、文字構成原理として、形声のみが肥大化していったというプロセスが想定できる。

このように考えれば、当面、甲骨文字中には、音の要素も含まれており、表音・表意混淆文字といわなくてはならないが、なお元来は、表意文字であることを原理とした、ともいいうるであろう。その結果、文字は無原則に、また文字数は無制限に増大した。こういった古代文字は、私見として述べた、古文字解読のための三要件から外れるものである以上、その解読は原理的には不可能だということにならざるを得ない。少なくとも表音文字の場合のように、一朝にして解読に成功する、といった暗号解きの如き情況が生まれることは、決してない。

しかし、甲骨文字の場合、〝解読〟が全く不可能かというと、それも決して正しくない。現に全甲骨文字四千七、八百字[6]のうち、ほぼ一千字余りは、およその釈義は判明したと考えるのが一般的であり、文章的にも、その過半は、その文意が明らかだと考えられている。そして、そのことは、甲骨文字が、実は、〝全く未知の古文字〟として発見されたわけではなかった、ということに由来する、といえよう。以下、そのことを述べよう。

## 金文学の成果

甲骨文字が初めて発見されたとき、どのような事態が生じたか。董作賓氏が『甲骨年表』[7]中に集めている挿話のいくつかを抜き書きしてみよう。

▼丹徒の劉鶚《りゅうがく》（鉄雲）、京師に客游し、王懿栄《おういえい》正儒の私第に寓す。正儒、痁《おこり》を病み、服薬に亀版を用い、菜市口の達仁堂より購う。鉄雲、亀版に契刻せる篆文あるを見て、以て正儒に示せば、相い与に驚訝す。正儒、故《もと》、金文を治め、古物たるを知る。……（一八九九年の項）

▼山東濰県の古董商人范維卿《はんいけい》、端方《たんぽう》のために古物を捜買し、……甲骨に刻して文字有るを見て、若干片を購いて端方に献ず。端、極めて喜び、字毎に銀二両五銭を酬《むく》いたり。……（一八九九年の項）

▼当時の士夫、議論紛紜《ふんうん》、多くは詆《そし》りて偽品と為すも、王氏〔懿栄〕は、記す所は皆商代帝王の名にして、且つ文字奇古、必ずや殷商の遺物たり、と謂えり。（一九〇〇年の項）

▼上虞《じょうぐ》の羅振玉《らしんぎょく》（叔言）、劉鶚の家に在りて甲骨の墨本を見て歎じて「漢以来、小学家、張（敞）・杜（林）・楊（雄）・許（慎）の見るを得ざりし所」の文字なり、となせり。（一九〇二年の項）

注目すべきは、ここに登場する王懿栄、劉鶚（鉄雲）、端方、羅振玉らはいずれも、清末において金石学・古文字学に精通した代表的人物であり、彼らは発見直後にいずれも一見して贋物などではなく、これまで見たことも聞いたこともない貴重な古文字資料であることを一瞬にして見抜き、一部を読解して殷商の王名が見えるから、殷代の遺物であることは誤りない、とまで断定していることである。

なぜ、このようなことが可能だったのであろうか。それは、この当時、殷周時代の青銅器の銘文（金文という。秦漢以降の石刻文と合わせて、金石文ともいう）についての研究が極めて盛んで、その専家にはかなりの程度まで読解することが可能になっていたために他ならない。

こういった文字を持った青銅器は、まれに漢代でも発見されることはあった。しかし、当時、そういった文字についての知識はもはや失われていて、解読できなかったらしい。後漢の許慎《きょしん》もこのような文字を見たことはあったようで、『説文解字』叙に、

郡国も亦往々、山川に於いて鼎彝《ていい》を得るも、その銘は即ち前代の古文にして、皆自ら相似たり。

といっている。『説文』のうちには、「古文」が多く引用されているが、これは、戦国時代の六国系の文字と考えられ[8]、それに先行する、殷・西周・春秋期の金文に由来すると考えられる字形・書体は、全く引用されていない。許慎は、「古文」と「前代の古文」とを区別し、「前代の古文」＝金文

は資料として用いていないが、その理由は、この時期、もはや金文についての知識が失われ、偶々《たまたま》見ることはあっても、利用できない情況になっていたものではないか、と私は考えている。

宋代になると、相当多量の青銅器が発見され、その研究は、目覚ましく進展した。今日といえども、金文研究は、この宋代の成果を摂取するところからスタートしなくてはならないほどである。

清朝はこの風潮に輪をかけたというべきで、多くの専家が輩出して清末に至ったのである。金文の主流は西周金文であって、殷代金文は極めてわずかしかない。この当時発見された甲骨文字はことごとく殷後期の所産で、その意味では、金文に先行する時期のものというべきであるが、しかしそこに文字としての連続性の存したことは否定しがたい。清末の金文の専家が一見してその資料的性格を見抜き、文字のいくらかを直ちに判読できたのは、こういった事情によるものである。

しかし、もとより、全ての文字がたちどころにわかったわけではない。それどころか、表音文字ではない甲骨文字の場合、一字ずつについて様々な観点から、地道に検討を加えていかなくてはならない。そういったことを挙例によって、説明してみよう。

**甲骨文字〝解読〟の一例**

甲骨片を買い集めた劉鉄雲は、その拓本を石印して、一九〇三年に『鉄雲蔵亀』として刊行し、その序文のうちで、早くも自ら読み得たと考えたところを披露している。

図１　『鉄雲蔵亀』第67葉3

いま、その一例を示そう（図1）。

劉氏はこれを

　　癸子卜厭問虺父卜

と釈した上で、[9]虺と釈したについては、

字は、疑うらくは、それ虺《キ》（まむし・とかげの類）の形を象《かたど》るならん。鼎彝の虺文（青銅器の文様の一種）と相い近し。

とした。不幸にしては金文中には見い出し難い文字であって、そうなると、当てずっぽう以外、文字を考釈する方法がなかった、というべきであろう。

清末の大儒・孫詒譲《そんいじょう》も、この字は虫で、「冤曲垂尾《えんきょくすいび》」（くねくね曲がり尻尾のながいさま）の形を象ったものだろう、といった[10]が、これも、論評に値しない。

この字をはじめて正確に解したのは王国維であった。

卜辞にの諸体あり。案ずるに使夷敦[11]に「金十」と云い、戻敖敦蓋に「金十」と

云えり。『説文』に鈞の古文は、𨥂に作る。これは即ち𨥂の字にして、は即ち〔今の〕旬字たり。卜辞（＝甲骨文）にまた「又二日」の語あり。また証すべし。……

として、は字形上は、今日の勹に相当するが、現行の漢字のなかでは、旬の字に相当する、と説いた。さらに、卜辞の用例から、甲から癸に至る十日間を旬と呼び、旬末の癸日に常に、次の十日間の吉凶を卜している等を明らかにした。かつ、『易経』『爾雅』等も援用しつつ、この文字が、後世の「旬」字であることを、論じつくした。(12)

この王氏の議論の結論は正当なものと今日でも定説視されているが、当面注目しておきたいのは、私はこの一字の解釈の方法のうちに、甲骨文字〝解読〟の方法論のすべてが出尽くしているように考えるからである。

(1)金文その他の古文字中に比較対照すべき字形上の類似を求める。
(2)『説文』『爾雅』等の古字書に根拠を求める。
(3)他の古典（この場合『周易』）に類似の表現を求める。
(4)ひろく同字の用法を甲骨文中に遍捜《へんそう》して甲骨文としての語義を推定する。

もし、これ以外に考えるべき方法があるとすれば、

(5)殷代を中心とする考古遺物中に比較検討する資料を求める。

図2　殷青銅戈の文様（『欧米蒐儲支那古銅精華』第7巻82より）

ということくらいではあるまいか。

右の王氏の〝解読〟は、は、字形系譜的に、楷書体の勹の祖形であり、字義としては、今日の旬と同様であることを明らかにしたもの、といえるが、この字形は何に由来するのか、といった点には言及していない。

林巳奈夫氏は、甲骨文字中の一異体である所謂《いわゆる》〝多子族卜辞〟中にこの字が（冐）に書かれていることに着目して、これが字のより古き字形であるとし、これの類似を殷代青銅器紋様（図2参照）に求めた上で、眴・瞬が同字であることを指摘しつつ、結局、これは殷代における「舜」の図像であろう、とする斬新な説を発表した。[13] 正に、私が(5)とした方法の適用である。

私は、以前、所謂〝十日《じゅうじつ》神話伝説〟の解釈から出発して、甲〜癸の十干は、元来は、当時の人々が、太陽は十個あると信じ、そのひとつずつの太陽に名づけた固有名詞だったのではないか、と考えた。そしてこれを纏めて呼ぶ語が「旬」であったろうと考えた。[14] そうであれば、それは、十個の太陽を生んだ神の名であったのかもしれない。

古漢字を読み解く方法について、一例を挙げて説明してみた。漢字の性格からして、一字一字について、こういった研究を積み重ねていかねばならず、表音文字の解読のように、一気に事が運ぶ、というわけにはいかない。今後も永く研究者による一字ずつに対する地道な研究が積み重ねられていくことであろう。

注

(1) Chadwick, John: *Linear B and related scrips*, British-Museum Press, 1987. 細井敦子訳『線文字B—古代地中海の諸文字—』學藝書林、一九九六年。

(2) 田村実造「契丹・女真文字考」『東洋史研究』三五—三、一九七六年。島田正郎「遼の文化と契丹文字」『遼朝史の研究』創文社、一九七九年、所収。

(3) 堀晄『古代インド文明の謎』吉川弘文館、二〇〇八年、「インダス文字の世界」の章、参照。

(4) これにも異見がないわけではないが、煩瑣な議論になるので、ここでは触れない。

(5) 李孝定「従六書的観点看甲骨文字」『南洋大学学報』第二期、一九六八年。

(6) こういった数え方自体に多くの問題がある。松丸道雄「漢字形成期の字形」『しにか』一九九五年五月号。本書『甲骨文の話』一三五頁を参照。

(7) 董作賓・胡厚宣『甲骨年表』商務印書館、一九三七年。

(8) 王国維「戦国時秦用籀文六国用古文説」『観堂集林』巻七、一九二七年。

(9) 因みに、この八字は、今日ではふつう

癸巳卜、㱿貞。旬亡𡆥。

と釈され、「癸巳の日に卜し、㱿（貞人の名）が貞《うら》なった〝〔次〕旬に𡆥《とがめ》なからむか？〟と。」の意である、と考えられている。

(10) 孫詒讓『契文挙例』序、上冊廿五葉、一九一七年。ただし本書の稿は、一九〇四年に完成していた。

(11) 今日ではふつう「小臣守殷」と命名されている。
(12) 王国維『戩寿堂所蔵殷墟文字考釈』四十九葉オ、一九一七年。
(13) 林巳奈夫「帝舜考」『甲骨学』第十号、一九七四年。
(14) 松丸道雄「殷人の観念世界」『シンポジウム　中国古文字と殷周文化――甲骨文・金文をめぐって』東方書店、一九八九年。本書『甲骨文の話』五九頁を参照。

# Ⅵ　甲骨文字のしくみ

## 甲骨文研究の百年

甲骨文字の存在が、はじめて人の注意に上ったのは、ふつうには、一八九九年のことだった、とされる。北京の国子監祭酒・王懿栄《おういえい》の食客であった劉鶚《りゅうがく》（号・鉄雲）が、瘧《おこり》病の薬として用いられていた〝龍骨〟の上に、古拙な文字の刻されているのを発見したのが、この〝世紀の大発見〟と称せられる甲骨文発見の端緒であった、というのは、その発見史として有名な話である。

ただ、この話は、一八九八年のことだったとする伝えもあり、またその数年前、出土地の小屯村のわきを流れる洹河《えんが》が氾濫し河岸が崩れたのが発見のきっかけになったのだろうという者もあり、今となっては、いつはじめて発見されたのかは、確実にはわからない。また、王懿栄が購入したとされる薬種店「達仁堂」も、現在の北京で調査したところでは所在不明だとの報告もある。

また、一方で、山東の古董商・范維卿《はんいけい》というものが、河南省北部の彰徳《しょうとく》（今の安陽）あたりで農民から文字を刻した甲骨片を買いとり、これも清朝の高官であり金石蒐集家でもあった端方《たんぽう》（号・陶斎）のもとに持ち込んだのも、この一八九九年のことであったらしい。

このように、わずか一世紀前のことながら、その伝えられる発見史には、あいまいな点が少なくない。しかし、おおよそ、前世期末のことであったのは間違いなく、台北では、一八九八年説をとって、中央研究院歴史語言研究所・台湾師範大学の共催により、昨年五月にすでに「甲骨文発見一百周年学術研討会」が開催された。また北京では、一八九九年説をとり、中国社会科学院歴史研究所が中心となって、本年八月、発見地の安陽で、「紀念甲骨文発現一〇〇周年国際学術研討会」が計画されており、また別に、南京大学でも本年四月、「紀念甲骨文発現一〇〇周年甲骨文與商代文明国際学術研討会」が予定されている。文字は文化の根源であり、今知られる最古の漢字が、百年前に発見されたのであれば、〝漢字文化圏〟のあちこちで学術的な記念行事が行われるのも、当然といえよう。遠くフランスにおいてもこの百年紀念の研究集会が計画されている、と仄聞する。翻って我が国にはその計画もなく、わずかに本誌における「特集号」が唯一の〝記念〟である。関係あるひとりとして慙愧に堪えない。

この甲骨文が発見されてからの百年間というもの、中国をはじめとする世界各地の有為の研究者が多数この研究にたずさわり、厖大な研究成果が挙げられてきたが、それは巨視的にいえば、次のようなふたつの関心からだったと要約することができるだろう。

そのひとつは、中国古史の再建である。これは、多くの古典のうちに記されている夏殷周三代の歴史についての信憑性が著しく疑われている時期に遭遇していた。したがってこの発見とそれに引き続く解読・研究の成果は、その存在さえも疑問視されていた殷代の実在を証明したのみならず、中国古史全体を再建するための、またとない橋頭堡としての意義を担ったのであった。

もうひとつは、これが従来知られていた最古の漢字資料をさらに溯る資料として、漢字研究の立場から重視されたところにある。それまでは、青銅器上に鋳成《ちゅうせい》された銘文（金文・鐘鼎文《しょうていぶん》などと呼ばれる）が最古の漢字と考えられていたし、殊に宋代以降、真剣に研究されてきたが、しかしそれにも拘わらず、確たる年代観を定立しえなかった。そこへ、より古く、かつそこに記された内容と古典との対比から、甲骨文の年代観が確立され、殷代の文字の実態が明らかにされたのみならず、その後の考古学的知見が加わったこともあずかって、甲骨文を先導とする漢字の発展史を、かなり明確に把握することが可能になってきた。

この二点のうち、本稿は、まずこの「甲骨文字特集」の冒頭として、甲骨文字そのものについて、概略を解説することを目的としている。実は、昨年、本誌に求められて私は甲骨文字の解読をめぐる問題点についての一文を寄稿した。(1) それは、表音文字ならざる甲骨文字が、何故、この百年間の研究によって、ある程度まで読みうるようになったのかを、解説してみたつもりである。そこでこの文章では、その続篇として、それでは具体的に甲骨文字とはどのようなしくみの文字なのかを、例を挙げながら解説してみたい。これまで、いくらかの試みはあるものの、文字論的な体系化が確立されている、というわけではないので、いささか間に合わせの整理になるのは止むをえない。ご諒承を乞う次第である。

## 唐蘭氏の分類

この百年間でも、指折りの甲骨文字学者である唐蘭氏は、名著とされる『古文字学導論』のうちで、許慎『説文解字』での六書《りくしょ》（六義）は、戦国時代の六国文字やその後の小篆《しょうてん》についての知識をベースとして作り上げた文字構成についての方法論であるから、甲骨文字分析の手法としては不向きである、として、独自の分類法を提起している。[2] 唐氏の提案については、たとえば陳夢家氏は、必ずしも賛意を示してはおらず、別箇の提案をしているが、[3] 陳氏が「象形字」とする範囲はあまりに広くて、文字体系を説明するのに適当とは思えない。唐氏の見解にも問題とすべき点はあるし、当書が「古文字」全般を対象としていて、必ずしも「甲骨文字」のみを対象としていないところから、不都合を生ずる場合もないわけでもないのだが、今、仮に唐氏の体系によって、説明しておくこととする。

## 1 象形文字

a 象身　人体を象《かたど》ったもの。

（首）（手）（目）（自・鼻）（口）

b 象物　自然界に存在するもので、人間以外のもの。

（虎）（鹿）（它・蛇）（火）（石）（少・沙）

c 象工　人工物を象ったもの。

（弓）（矢）（凡・盤）（其・箕）（帚・箒・婦）

（罔・網）（巾）（井）（舟）（車）

これらから、唐氏はこの象形文字は、絵画との関係を看《み》てとることができるだろう、としている。ただ、氏は象形字をこの三類に分けて説明しているものの、対象を視覚的にとらえて文字化したものという意味ではこの三類は共通していて、文字論的にはあまり分類の意味がないように、私には思える。

**2　象意文字**

これは、氏のかつて考えた「合体象形字」と、六書にいう「会意」字、「指事」字の大部分を包括するもの、とする。象形字が、自然発生的なものであるのに対し、この象意字とは、彼らの社会習慣を知悉《ちしつ》しなければ完全には意味を理解しがたい、彼らの意（意識）を象った文字である、とする。これもまた、三類に分類する。

a　単体象意字

（大）↓・（夨、頭が傾いている）

（夭、手を振り動かす）

（人）↓（企、足を挙げる）

（𡵂、細長い髪）

つまり、象形字に意を加えたもの、ということであろう。唐氏の意図は、これは氏自身の挙例によるものではないが、牛・羊が・と表される如きもまた、牛・羊の形状を写実的に写したものではない以上、単純な象形字と区別されるべきで、その角の特徴を把えて文字化しているのは、その意識を形象化したものと把えるべきだ、といったところにあろう。

b　複体象意字

（牢）

（庠）

牛・羊自体が象意字であるが、動物飼育のためのフェンスや、屋根を加えた、複合的象意字が、これである。

c　変体象形字

例えば、は既述のように、人の側視形で象形字だが、はアクビの意味で「口を大きく開いた人―欠《けん》」となり、は「後ろをふりむく―旡（既は、喰べ飽きて、食物から顔をそらすさま）」、は、下を向く象（などの扁旁。下を向いて舌を出し、酒樽から酒を飲むさま。㱃）などが、この字の変体として出来てくる。、（見）は、それ自体すでに単体象形字である

が、（臭・臯・望）は、遠くを見る、は臥字で、いずれも、見字の変体である。は、繋留された羊を意味するし、は小鳥を表している。は、沙を表す（前出）とは別である。このように、象意字の場合、解釈に困難をもたらす場合が少なからずある、とする。

### 3　形声文字

唐氏は、象形・象意文字が音の要素をとり入れることによって、形声字がつくられるに至り、それを〝重大転変〟とし、「原始形声字」「純粋形声字」「変体形声字」「雑体形声字」などの概念で説明を加えようとしているが、複雑な議論にならざるを得ないので、ここでは、甲骨文中にもすでに相当数の形声字が見られる、ということを少数の挙例によって説明しておくに止めたい。

河（・）は、人が天秤棒でものを担って行く象を示す可字（本義はのちの荷字）で、これが音符。は水（川）の象で意符。この両者を合して、河字となる）。

（沮）、（涂）、（洛）、（汝）、（淮）、（洹）等は、いずれも同類で河川名を表す。

鳳。現在の風の意に用いられた。おおとりの羽ばたきにより、意を表し、（凡→凡）が音符。

鶏。奚が音符。

このような造字は、甲骨文字中にすでに相当数見られ、李孝定氏によれば、三三四字を数える、としている。[4]

## 甲骨文特有の造字法

唐蘭氏は、甲骨文字の構成原理を以上のように分類して説明しているのであるが、このほかにも甲骨文字に特有の興味深い造字法も見られるので、一、二紹介しておこう。

### 1　合文

甲骨文字には二字（場合によると三字）を合体させて、一字として記すことが少なくない。もとよりどの場合でも合体させてよいというわけではなく、祖先名等の固有名詞（例えば、盤庚、祖乙など）、数詞と量詞の組み合わせ（例えば、五宰、六月など）、熟語（例えば、翌日、風雨など）などがその代表的なものである。これは、一音節一字という漢字の特性が、未だ確立していなかったことを示すもの、といえるかもしれない。

### 2　強調点を示す

先の合文の一例として、（五）と｜（十）の合文として、十五は、五十はとして、書

かれる。そうであれば、六十は、当然であり、実際そのように記されている例もある。しかし、これでは、ただの六と見誤りやすい。そこで、「ここに十があるのだから注意せよ」という意味なのであろう——・のように、横画を加えているものが少なくない。九十の場合も同様で、とでは区別がつきにくいところから、のように記されている場合があり、[5]これなどは、『説文』の六書では説明のつかない造字法であろう。

甲骨文字とはこれまで、いずれも衣字であると考えられてきたが、実は、前者は衣であるが、後者は卒であることが、近年裘錫圭《きゅうしゃくけい》氏によって明らかにされた。[6]卒字は、甲骨では、右例のような〃強調マーク〃は施されていないが東周期金文の□外卒鐸の卒字にはと横画が加えられており、[7]ほぼ同時期の陶文ではのような圏点の加えられたものが多い。[8]これが小篆のとなったのであろう。甲骨文字の六十、九十の場合と、同じ発想であるように思われる。こういった造字法が、ごく一部にではあるが、漢字のうちに見られ、それが、すでに、甲骨文中にも見られることは、注意しておいてよいであろう。

### 3 鏡文字 (Mirror Reverse)

ある一字が、正反相方で自由に示されている。これは甲骨文字全般に極めて一般的に見られる現象である。・の類であって、挙例するまでもない。これも、字形が未確定であったことを

示すものといえよう。

他にも、後世の漢字と比べて様々な特徴を指摘できようが、紙数が尽きた。以前、今日一般的な漢字で甲骨文字にあるものを拾い抜いて作成した「甲骨文字簡表」があるので今、末尾に掲出して、その字すがたの一端をご覧に供したい。

注

(1) 松丸道雄「古文字〝解読〟の方法—甲骨文字はなぜ読めたのか—」『しにか』第九巻五号、一九九八年五月。(本書『甲骨文の話』一〇七頁参照)

(2) 唐蘭『古文字学導論』一九三五年自序、著者石印本。香港・太平書局、一九六五年複印。増訂本、済南・斉魯書社、一九八一年。

(3) 陳夢家『殷虚卜辞綜述』一九五六年、第二章・文字、参照。陳氏は、唐氏が「象形文字」と「象意文字」に区別するのは意味がないと考え、「象形字」としてまとめ、これと「形声字」「仮借字」との三類に分けることを提案している。

(4) 李孝定「従六書的観点看甲骨文字」『南洋大学学報』第二期、一九六八年、九三頁。

(5) 王宇信「釋〝九十〟」『文物』一九七七—一二。宋鎮豪「甲骨文〝九十〟合書例」『中原文物』一九八三—四。

(6) 裘錫圭「釋殷墟卜辞中的〝卒〟和〝褘〟」『中原文物』一九九〇—三。

(7) 『殷周金文集成』第二冊、一九八八年、第四二〇。

(8) 高明・葛英会『古陶文字徵』一九九〇年、三七頁。

## ●甲骨文字簡表

| 〈ア行〉 | | 〈カ行〉 | | |
|---|---|---|---|---|
| 亞 | 家 | 下 | 宮 | |
| 尹 | | 我 | 牛 | |
| 于 | | 角 | 魚 | |
| 右(又) | | 獲 | 漁 | |
| 雨 | | 岳 | 御 | |
| 衛 | | 學 | 京 | |
| 日 | | 官 | 兄 | |
| 燕 | | 其 | 卿 | |
| 王 | | 鬼 | 鷄 | |
| 往 | | 龜 | 月 | |
| | | 吉 | 犬 | |
| 禾 | | 弓 | 見 | |
| 火 | | 及 | 元 | |
| | | | 言 | |

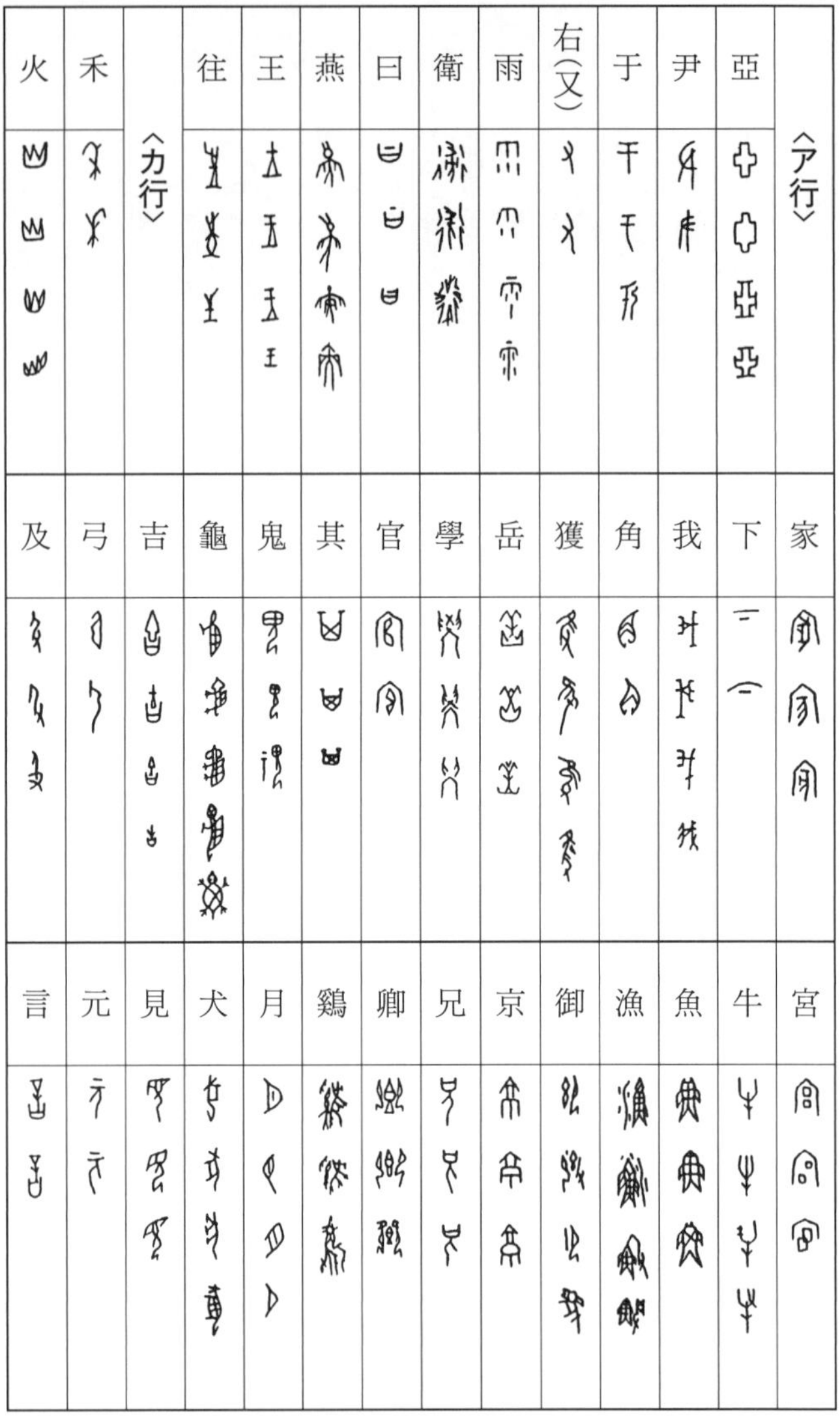

| | | | | | | | | | | | | | | |
|---|---|---|---|---|---|---|---|---|---|---|---|---|---|---|
| 虎 | 行 | 向 | 公 | 矦(侯) | 高 | 降 | 遘 | 谷 | 告 | 合 | 今 | 〈サ行〉 | 左 | 災 |

| | | | | | | | | | | | | | | |
|---|---|---|---|---|---|---|---|---|---|---|---|---|---|---|
| 歳 | 祭 | 在 | 冊 | 之(止) | 矢 | 子 | 史(事) | 至 | 祀 | 示 | 茲 | 自 | 室 | 車 |

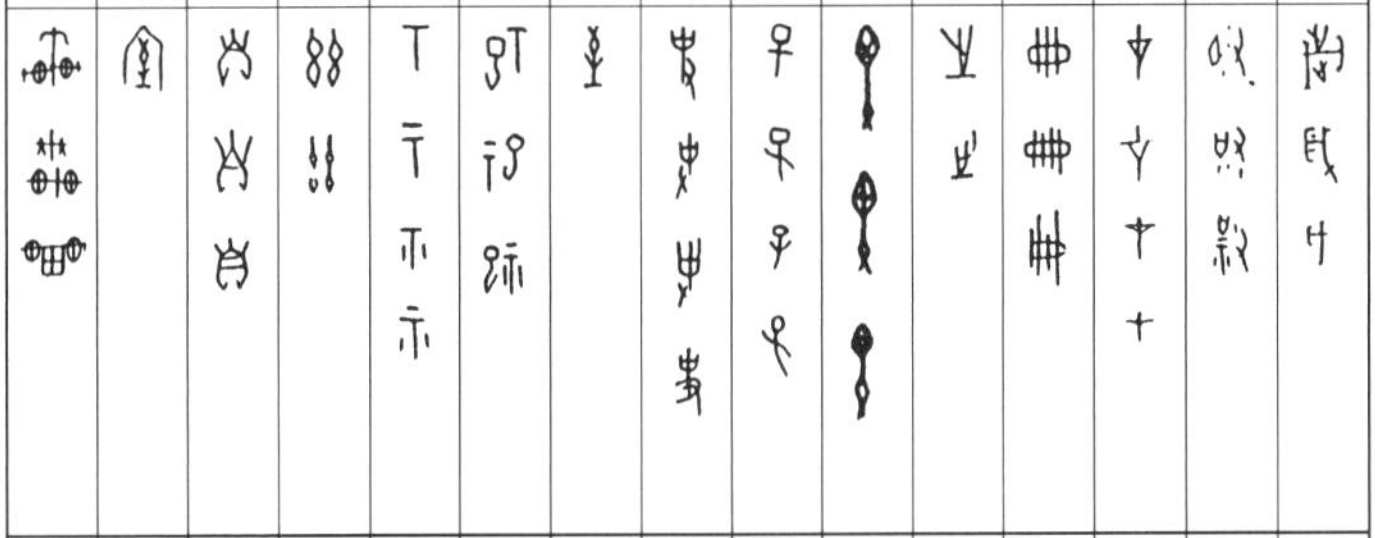

| | | | | | | | | | | | | | | |
|---|---|---|---|---|---|---|---|---|---|---|---|---|---|---|
| 射 | 若 | 取 | 酒 | 受 | 舟 | 祝 | 宗 | 州 | 周 | 獸(狩) | 出 | 女 | 如 | 小 |

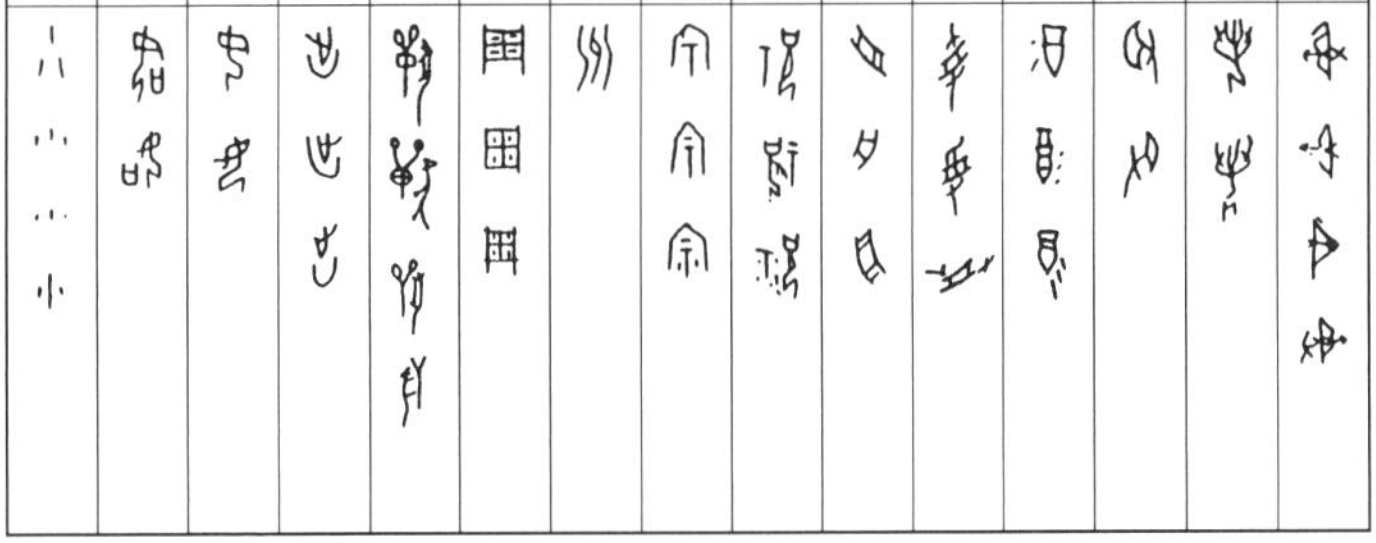

| 渉 | 陟 | 商 | 省 | 上 | 黍 | 臣 | 人 | 水 | 隹 | 西 | 正 | 先 | 川 | 泉 |
|---|---|---|---|---|---|---|---|---|---|---|---|---|---|---|

| 祖 | 象 | 族 | 〈タ行〉 | 多 | 大 | 雉 | 中 | 仲 | 虫 | 追 | 逐 | 貞 | 帝 | 天 |
|---|---|---|---|---|---|---|---|---|---|---|---|---|---|---|

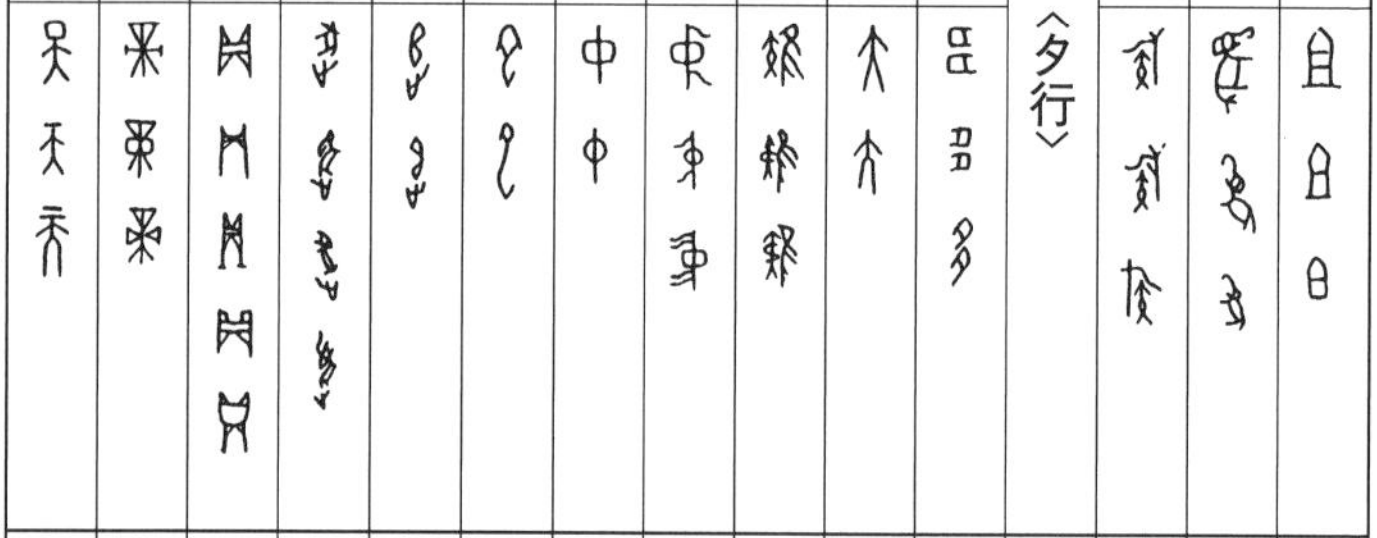

| 田 | 電 | 兎 | 土 | 東 | 同 | 〈ナ行〉 | 南 | 日 | 入 | 年 | 〈ハ行〉 | 馬 | 貝 | 麥 |
|---|---|---|---|---|---|---|---|---|---|---|---|---|---|---|

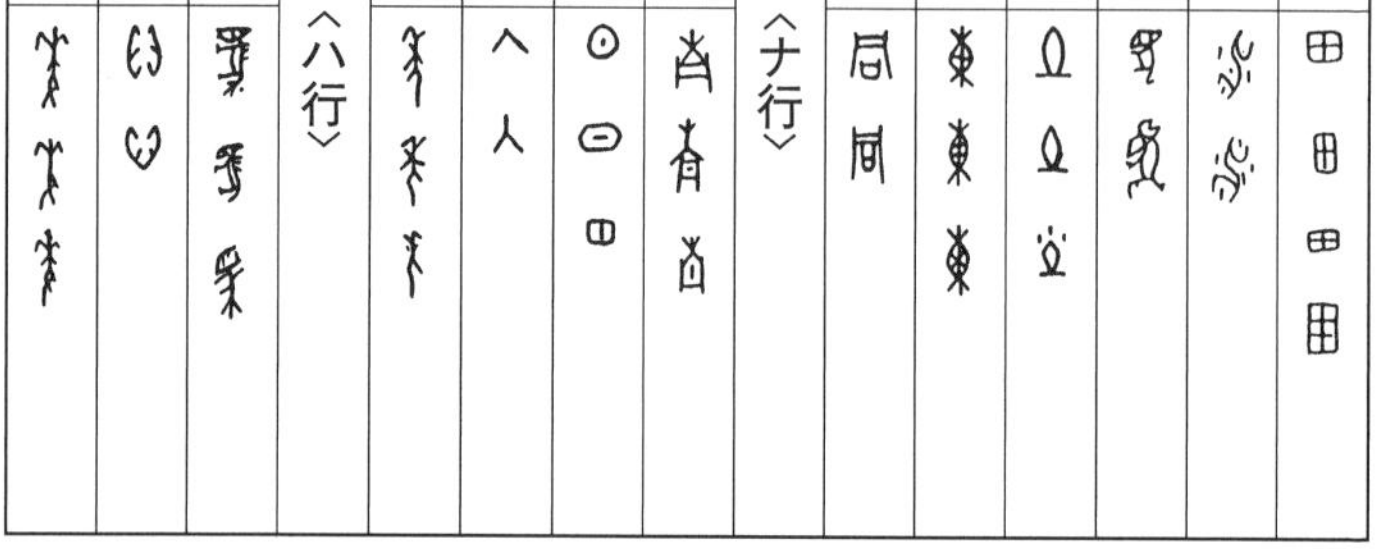

| 伐 | 妣 | 畢 | 品 | 不 | 父 | 夫 | 武 | 風(鳳) | 弗 | 文 | 並 | 歩 | 母 | 方 |
|---|---|---|---|---|---|---|---|---|---|---|---|---|---|---|

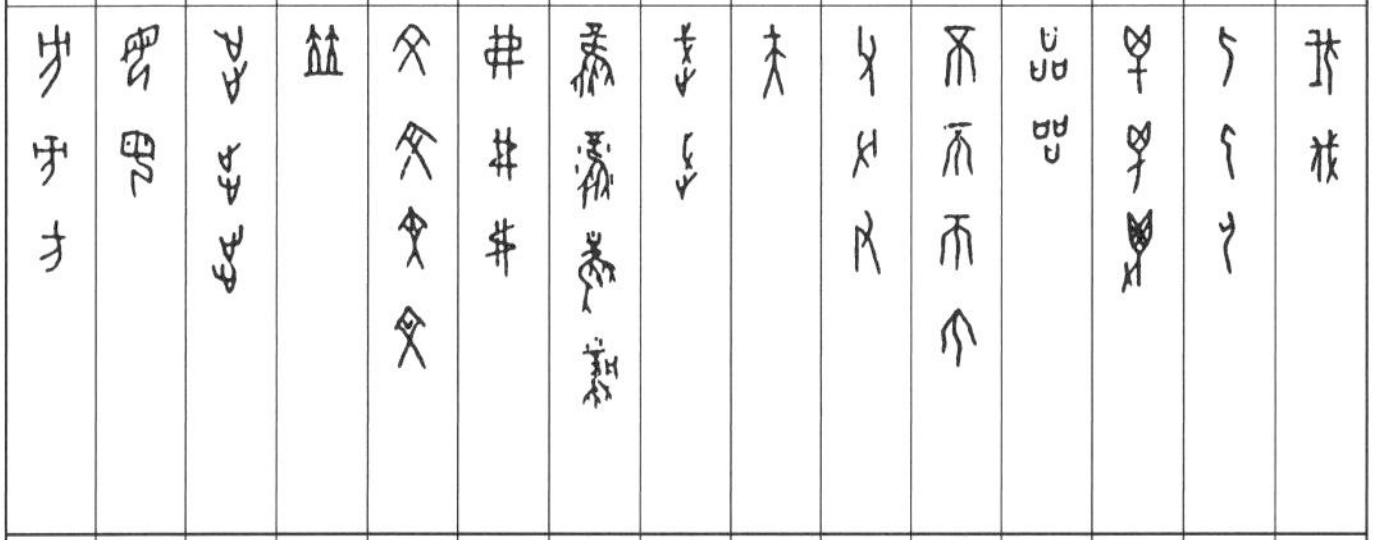

| 亡 | 牡 | 北 | 卜 | 牧 | 〈マ行〉 | 毎 | 明 | 木 | 門 | 〈ヤ行〉 | 有(又) | 邑 | 用 | 羊 |
|---|---|---|---|---|---|---|---|---|---|---|---|---|---|---|

| 翌(翼) | 〈ラ行〉 | 樂 | 立 | 龍 | 旅 | 林 | 令 | 牢 | 鹿 | 麓 | 〈数字〉 | 一 | 二 | 三 |
|---|---|---|---|---|---|---|---|---|---|---|---|---|---|---|

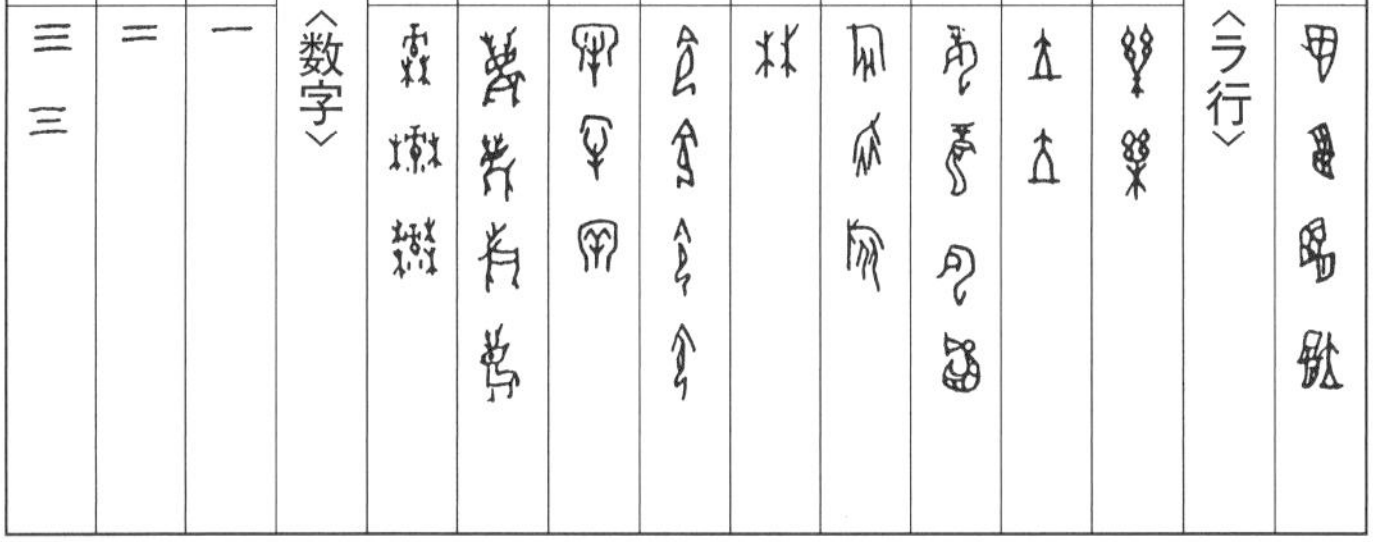

| | |
|---|---|
| 四 |  |
| 五 |  |
| 六 |  |
| 七 |  |
| 八 |  |
| 九 |  |
| 十 |  |
| 十五 |  |
| 二十 |  |
| 三十 |  |
| 四十 |  |
| 五十 |  |
| 六十 |  |
| 百 |  |
| 二百 |  |
| 五百 |  |
| 六百 |  |
| 千 |  |
| 三千 |  |
| 五千 |  |
| 萬 |  |
| 二萬 |  |
| 〈合字例〉 | |
| 武乙 |  |
| 祖辛 |  |
| 妣己 |  |
| 十二月 |  |
| 弘吉 |  |

# VII

# 漢字形成期の字形

## ——甲骨文字〝文字域〟についての試論

## はじめに

個々の漢字は、しばしば異なった形で書かれる。それは、書体（篆・隷・草・楷・行書に代表される諸書体や、筆写体・活字体の別、その他、様々な局面をもつ）の上でも言いうることであり、また字形（たとえば、ある時期のいわゆる碑別字《ひべつじ》や、現代の正字・略字・簡体字等に代表される）の上からも言える。このようなことは、文字としての一面での通性である、といえよう。便化が常に様々な書体(style)や字形(structure)を産み出していくのである。

一方、文字としてのもう一つの局面、つまりだれにも通用する一般性を持たねばならないという側面からすれば、これでは、はなはだ都合が悪い。政治および教育の面からは、これを統一しようとする動機を、常に持っている。この場合には、一定の書体を選び、その字形を画一化しようとする動きとなる。小篆という一書体についての画一化を企てたのが秦始皇帝による文字の統一であったし、楷書体についての画一化が唐代の『干禄字書』、『五経文字』、『九経字様』等による「正字」確立への努力であったし、印刷用字形についての統一化が、『正字通』、『康熙字典』を必要とし、さらに、これの簡便化と統一性の必要上から、〝簡体字〟の使用が強要されるといった具合である。

つまり、漢字は、常に放置しておけば多様化する性質をもち、したがって、しばしばこれに強制的な枠を嵌《は》めることによって、変化に歯止めを図る、という、ふたつの矛盾した力学のなかで変化・発展を遂げてきた。

しからば、その漢字のそもそもの形成期において、この問題はどのようであったのか。漢字を論ずる際に、常に説かれるのは、彼《か》の形音義論である。すなわち、ひとつの漢字は、原初的には、一形とこれに対応する一音・一義をもって構成された、とされる。しかしこれは、理論的措定ないし説明原理のごときものでしかあるまい。漢字の形成期に、現実にどのような問題があったのかを、いま資料に即して考えてみたい。

形成期の漢字、といまいったが、現存する最古の漢字資料は、いうまでもなく、甲骨文字である。漢字がいつどのような経緯で生みだされ、どのように発展して甲骨文字にまでなったのかは、ほとんどわかっていない。このことは、右のような関心に基づいて、問題を考えてみようとするとき、決して看過してよいとは思えない。甲骨文字は、はじめて漢字が生みだされてから、かなりの年代を経過し、すでに文字としては著しく発達した段階に到達した文字、と考えうるからである。

しかし、一面、今のところ我々が知りうる最古の漢字資料であることも間違いない。したがって、このような限界を充分意識しつつ、前述の問題を、甲骨文字について考察してみようと思う。

## 『甲骨文編』の構造

甲骨文字全体の把握の手段として、その字形に応じて分類した、中国科学院考古研究所編『甲骨文編』（中華書局、一九六五年刊。以下、『文編』と略す）を素材とすることとしよう。これがいまのところ、中国において甲骨文字全体を整理し体系化して提示した最高・最新の〝字形表〟だからである。

まず『文編』という書物の構成の大要を私の理解に従って紹介しておこう。甲骨文字が全体としてどのくらい発見されているかは、まだ数えた人がいないのでわからないが、大体十万片に平均十字ずつ刻されていると仮定すれば、百万字くらいが発見されていることになる。

さてこの大約百万字を対象として、『文編』編者は、どのような作業を行うことによって、〝甲骨文字整理作業〟としての本書編集を行ったのであろうか。当書中に、以下のような説明がされているわけではないのだが、当書の成り立ちに即して、敢えて考えてみるなら、ほぼ次のようになろう。

①字形上、近似していると考えた諸文字のうちから、複数（用例が、偶々《たまたま》一字しか見出せず、結果的に一字のみとなっている場合もある）の代表例を選択して一群とする。

②この字形上近似した群を、他の群との間に、排他的な〝領域〟が設定されたものと見做《みな》す。

③次に、この領域内に収められた文字群を同一文字であると見做し、『説文解字』中の或る文字（小篆）に比定する。（その上で、比定しえたと考えた文字群を、『説文解字』順に配列する。）

④『説文解字』に比定し難かった文字は、付録として一括しておく。

その結果、『説文』に比定したもの一七二三字、比定しえなかったもの二九四九字、合計四六七二字、と整理された。すなわち、右の言い方に従うなら、約百万字は、四六七二個の領域に分類されたことになる。

### 甲骨文字〝文字域〟とは

最近、私は、甲骨文字発見以来の字釈研究を綜輯した『甲骨文字字釈綜覧』（東京大学出版会）という書物を刊行した。これは、『文編』の編成に基づいて、諸字釈を分類排列して整理することを基本方針としたが、そのなかで、右に述べたような、各字の〝領域〟についての理解・概念を〝文字域〟という新しい言葉で説明してみた。私の知る限りでは、従来古文字をこのような観点から把握しようとする考え方はなかったように思われたので、どうしても新たな概念用語を作り、それに基づいて説明してみるより致し方なかったのである。古文字における〝一字〟とは、規格化された〝一形〟をもっている、という前提で考えようとすると、どうしても無理がある。このような考え方を捨てて、私としては字形上の偏差（variation）をひとつの範囲として把え、これを他の範囲と相互に排他的なものと理解してみよう、としたのである。

この〝文字域〟とは、その限りで抽象的な概念である。現実には、個々の甲骨文整理者が、各文字をどのような範囲として認識・了解したかは、各々異なってくる。したがって『文編』において採用された区画は、〝『文編』文字域〟とされねばならず、別書、たとえば、島邦男『殷墟卜辞綜類』（汲古書院、一九七一年第二版。以下、『綜類』と略す）で採られた画定区分は相当程度において『文編』と異なっているため、これは、当然〝『綜類』文字域〟として区別されなくてはならないことになる。

今、この〝文字域〟という概念を適用して『文編』を見ると如何《いか》なる問題があるかを、一、二挙例して述べてみよう。

『文編』〇〇〇六番の見出しは（帝）であり、このうちには、・・・・その他、一見して相当に字形を異にした文字が収められている。このうち上部の一の有無、中央部の・・の相違は、『文編』編者によって一字の範囲内に収まる偏差である、と認識されたはずである。その故にこそ、これら諸体がひとつの〝文字域〟内に収められたということになる。しかし、「は帝であるが、は、上と帝の合文で二字と解すべきだ」、という意見は充分ありうるのであり、それに従うなら、・・とは、別個の〝文字域〟に属させねばならないことになる。このことは、・・の部分についても別個の〝文字域〟とすべきだとする可能性も示唆しているはずである。

『文編』〇一七七番の見出し字は、辿であり、・等を収める。一方、同〇二〇九番の見出し字は徙であり、・・・等を収めている。しかし、これは、相互に排他的な〝文字域〟を構成すると把握して差しつかえないか、多分に疑問である。事実、金祥恆『続甲骨文編』

（一九五九年、台北）の二・二七〜八や、『綜類』〇七七—〇二五（三二二頁）では、これを合わせて一個の〃文字域〃と見做している。

『文編』〇七七九番の見出し字はであるが、その下に収められる甲骨文字に至っては、・等があり、一見しただけで、これを一個の〃文字域〃に収めておいて良いものであるかについて、疑問を持たざるを得ないであろう。

図1　『甲骨文編』No. 0006

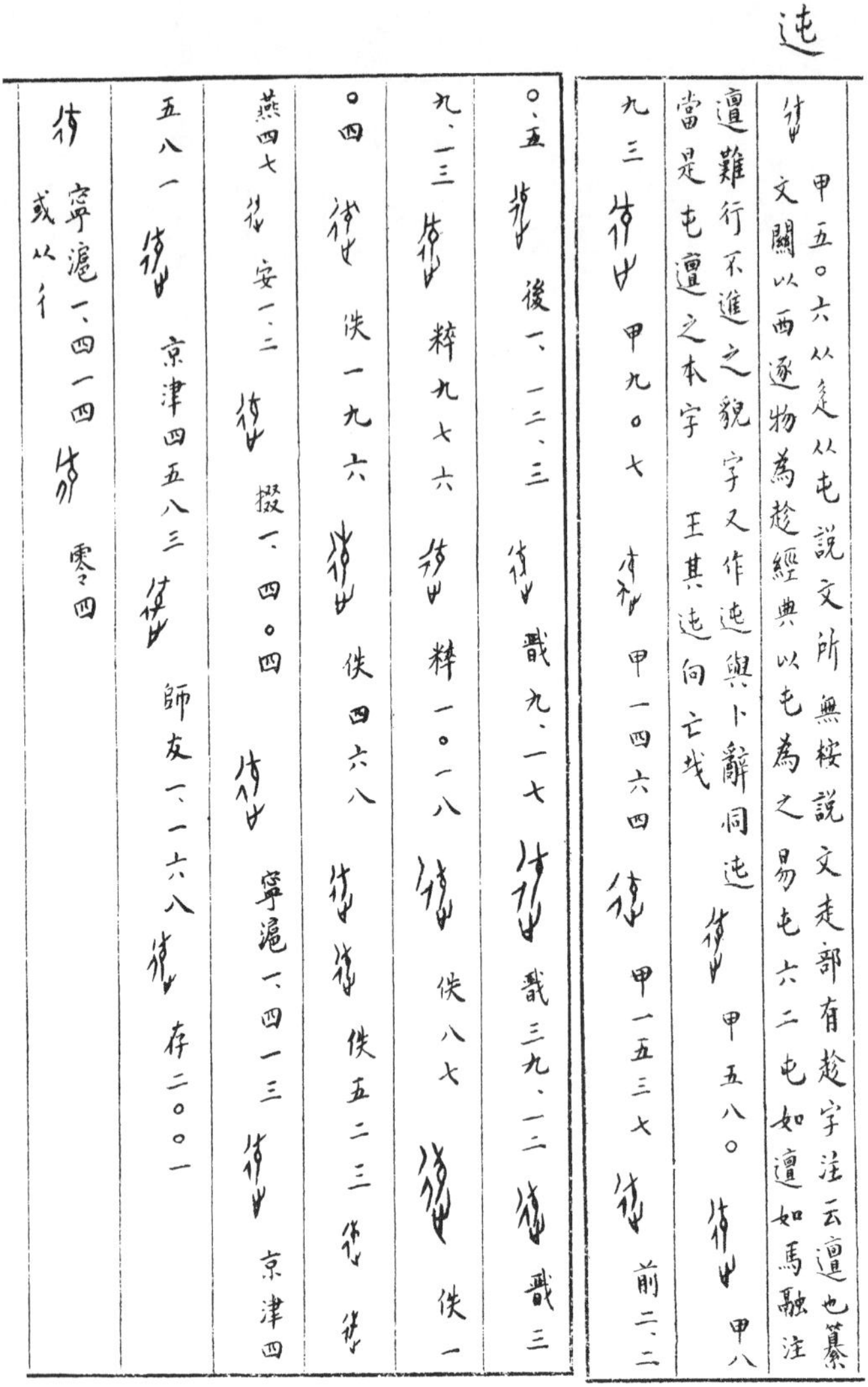

迍

甲五〇六 从辵从屯 說文所無 按說文走部有趍字注云 遭也 篆文闕以西 遂物為趍 經典以屯為之 易屯六二屯如邅如馬融注 邅難行不進之貌 字又作迍 與卜辭同 迍當是屯邅之本字 王其迍向亡𢦔 甲五八〇 甲八九三 甲九〇七 甲一四六四 甲一五三七 前二、二〇、五 後一、一二、三 戩九、一七 戩三九、一二 戩三九、一三 粹九七六 粹一〇一八 佚八七 佚一〇四 佚一九六 佚四六八 佚五二三 燕四七 安一、二 掇一、四〇四 寧滬一、四一三 京津四五八一 京津四五八三 師友一、一六八 存二〇〇一 寧滬一、四一四 零四 或从彳

図２　『甲骨文編』No. 0177

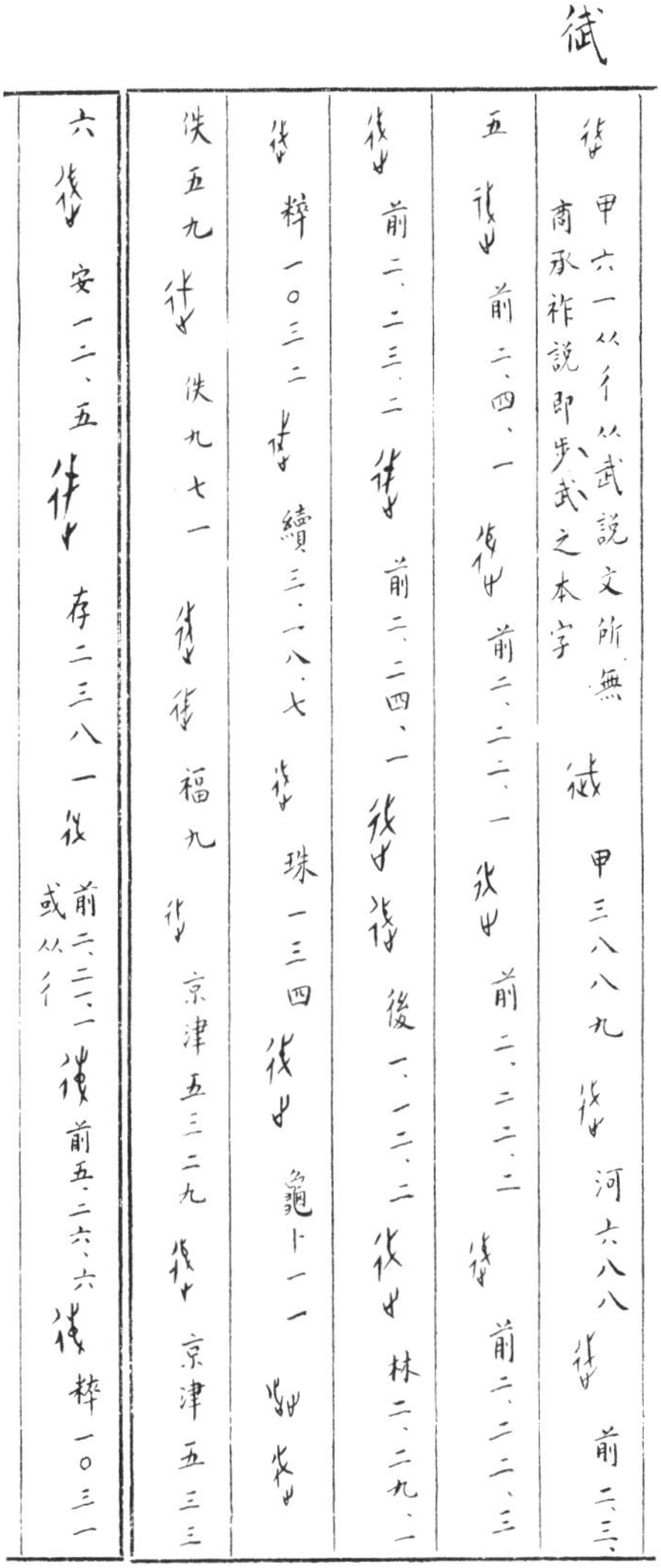


図3 『甲骨文編』No. 0209

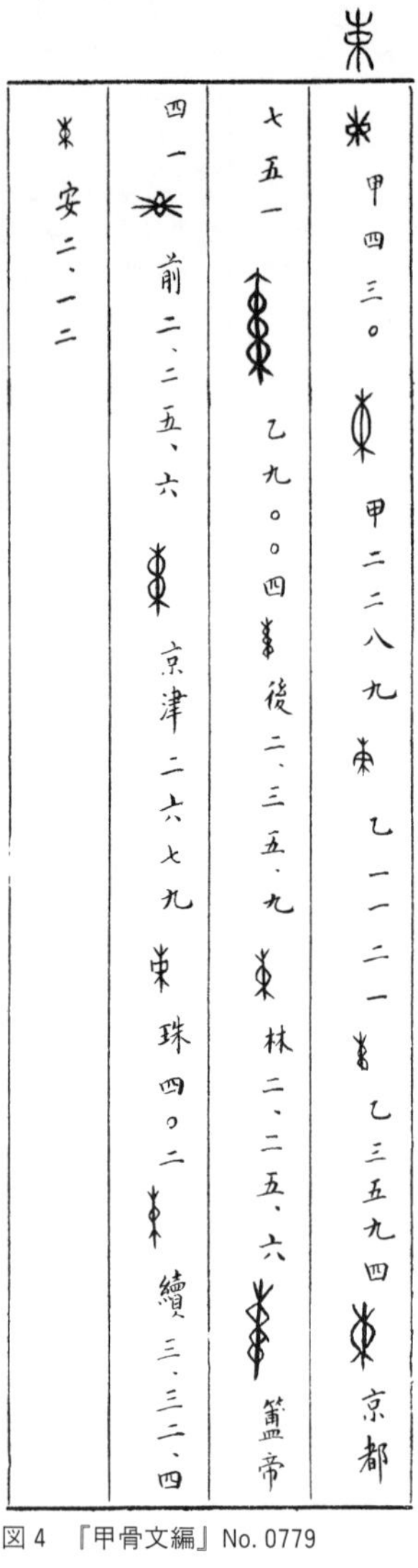

図4　『甲骨文編』No. 0779

以上の挙例は〝文字域〟を画定することの難しさを示すものに他ならないが、〝文字域〟を設定すること自体を否定するものではない。むしろ、一字＝一形という従来の「観念論」ではおさまらないことが確実である以上、何らかの規準に基づいて、より正確な〝文字域〟を確定する、という方向に、研究が向けられなくてはならないはずだ、と私は考えている。

## 〝文字域〟と音韻

さきに、このような字形に関する〝文字域〟という概念の建て方そのものが、おそらく新しい理解のしかたであろうとしたが、実は、字音についての研究領域では、このことはいわば常識であり、研究の基礎概念を構成するものであった。即ち、音における「音韻」という概念が、私がここでいう、字形における〝文字域〟という概念に相当しているもののように私には思える。音声一般に対し、ある特定の言語に特有の「音韻」という枠組みを想定することが、音韻学の基本とされる。人間の音声は、著しく多様であるが、特定の言語ごとに、〝意味区分に役立つ音的な単位〟(＝音韻)が想定され、多数の音韻が、その言語内において相互に示差的特徴(distinctive feature)をもっているものと理解されている（藤堂明保『中国語音韻論』江南書院、一九五七年、「序説」参照)。このことは、字形についての右の私の提言に、そのまま対応している。右の表現を借りるなら、字形論における〝文字域〟とは、〝意味区分に役立つ字形的な単位〟を意味するものに他ならない。音韻という語を、いま〝音域〟と言い改めて、私のいう〝文字域〟と対比せしめるなら、著しく理解しやすいことになろう（文と字とは対立する概念とされるので、〝音域〟に対して〝字域〟という語は用い難いのである）。

藤堂氏は、このような音韻と義（ことばの意味）の関係を、音韻と義が対応して一枚の木片を構成し、こういった木片多数が全体に張り合い緊張した状態を呈して、あたかも一個の「たらい」を作っている関係だ、として説明している。これはたいへん解りやすい秀抜な比喩である。再び藤堂氏の表現を借りるなら、この一枚の木片を構成する要素として、もう一つ、〝字形〟をも加えるべきであって、音韻と義と字形の三者が相互に対応して、「たらい」の一枚の木片を構成するのであり、その一木片中に字形の占める部分に相当する面積が、即ち、個々の〝文字域〟ということになろう。

## 今後の課題

それでは、この甲骨文字（さらには、古文字の全て）の〝文字域〟を確定していくための研究方法は如何なるにあるべきか。これには、おそらく、答えはひとつしかあるまい。はじめに述べたところに戻るわけだが、漢字の構成要素は、本来、形・音・義の三者である。しかるに、甲骨文字について言えば、残念ながら、音はほとんど問題にしえない。甲骨文字のごく一部に、声符と考えられる部分が無いわけではないが、それはむしろ例外的である。また、一部の研究者は、再構された（?）上古音をそのまま、甲骨文字に適用させてしまうが、上古音再構のために用いられた資料の時代性・地域性と甲骨文字についてのそれらとの差違を考えれば、これが甲骨文字に無媒介に持ち込まれてよいものでないことは、たちどころに理解しえよう。

甲骨文字を音との関係において考察することを断念する以外ないのである以上、残るところは、字形と字義の比較検討しかない。この場合、字義そのものを確定することもまた常に問題を孕むが、方法としては、古文字の、甲骨文中での用例を丁寧に比較検討するしかないであろう。その意味では、すでに、島邦男氏の『綜類』が、そのための準備を整えていてくれる。かつ、氏自身の『殷墟卜辞研究』において一貫して採用されている研究方法もまた、文例比較を措《お》いてなかった。このような方法をもって、より正確な一般性をもつ〝甲骨文字文字域〟の確立、ひいては、古文字全体の〝文字域〟の確定こそが、今後の研究の指針とならなくてはならないのではあるまいか。

# VIII　殷代王室の世系

## はじめに

いまから六十五年ほど前、すなわち一八九九年ごろ以来、中国の河南省安陽県近くの小屯《しょうとん》と呼ばれる村の一帯から、文字らしいものを刻み込んだ動物（亀と牛）の骨が出土するようになった。これが一部の学者に注目されるところとなって、蒐集ならびに研究が進められた結果、それまで全く知られることのなかった殷《いん》代の遺物であり、王朝でとり行われた占卜《せんぼく》の内容と結果が記されていることが明らかになった。これが今日、中国における最古の漢字資料として著名な、殷墟《いんきょ》出土のいわゆる甲骨文である。甲骨文はまた、観点の相違から契文、殷墟文字、殷墟書契、殷墟卜辞などと呼ばれる場合もある。これを研究対象とした学問を甲骨学といい、中国古代学のうちでも、ひとつの重要な研究分野とされるに至った。その理由は、ほぼ、以下のようなところにあるといってよいであろう。

司馬遷の『史記』をはじめとし、中国の史書その他の古典には、殷代に関して幾多の事柄が記されている。しかし、それが果たして歴史的真実であるのか伝説的虚構であるのか、判断しえなかった。というより、それはむしろ古来、歴史的真実として信じられてはきたものの、この甲骨文が発見されたのは、近代西欧史学の影響もあって、儒教の経典に対する批判の昂《たか》まりのなかから、三皇五帝に関してはもとより、夏・殷・周三代の歴史もまた、儒教理念によって捏造された理想世界の虚構であるとの考え方が有力化した時期に際会していた。その時にあたって甲骨文が発見されて殷代の実在が立証され、さらにこの研究の進展によって当代の諸文化が究明された結果、中国の歴史時代を殷代まで溯らせることが、疑うべからざることとなったのであった。『史記』には十七世三十代に及ぶ殷王室の世系が記されているが、甲骨文史料が集積され、その読解が進んでくるにつれ、そのうちにあらわれる王名のほとんどが『史記』と合致し、系譜もまたほとんど正確であることが明らかにされた。これによって、甲骨文が殷代の所産であること、また逆に『史記』の殷代に関する記述がかなり信頼するに足るものであることが、互証されるに至ったのである。この発見は、世界の学界を一驚させるに充分であった。一九二八年からは、折から成立した国立中央研究院歴史語言研究所の手によって発掘が開始され、戦争による中断はあったけれども、今日もなお、発掘がつづけられている。その結果、この地が『史記』のなかで「殷墟」と呼ばれている、殷の第十九代盤庚《ばんこう》から第三十代の末王帝辛（紂王《ちゅうおう》）までの都址《とし》であることがわかった。甲骨文は、この時期に殷王室の卜官たちが、王朝の公的活動全般に関して、その是否を糾《ただ》すために行った占卜の内容およぴ結果を記したもので、卜事内容は、祭祀をはじめとし、軍事・天候・田猟・農事・王の出入などに及び、これまでに推定十万片が出土している。この解読によって、王を中核とした祭政一致の政治形態をとる当時の社会構造や文化一般、精神生活などが、かなり明らかにされてきたのである。現存する甲骨文は、第二十二代武丁から最後の帝辛に至る九王の時代（二七三年間？）のもので、いわゆる断代研究の進展によって、各甲骨文がほぼ何王の時期のものかを推定しうるようにな

っている。(1)

ところで、これは研究史を辿《たど》ってみればただちに明らかになるところであるが、甲骨文のもつ史料的重要さが確認されたのは、発見されて間もなく、このうちに散見される人名が、古典とくに『史記』殷本紀などにみられる殷代王名と合致したことに基づくものであった。そして、これ以後、王の世系の研究は次第に精緻さを加え、またそれにつれて新たな問題が派生してさらに研究が進展する、といった経過をとってきた。およそ古代史研究では、史料の相対的乏しさから、世系研究のもつ意義のウェイトが大きいのが通例であり、たとえば、日本古代史とりわけ大化前代の研究を想起してみるとよいのであるが、とりわけこの甲骨文研究ないしそれに基づく殷代史研究の場合は、世系研究がまさにその軸をなして展開してきたといって、過言ではないであろう。本稿では、甲骨学における世系研究の過程をふりかえってみることを通じて、それが甲骨文ないし殷代史の研究にどのように貢献してきたのか、今日での問題点はどのようなところにあるのかを考えてみたいと思う。それは、ある意味で、甲骨文ないしその研究の主要な問題点の一部を示すことにもなると考えるからである。

## 殷代王室世系の考定

『史記』殷本紀は、まず冒頭に、

「殷の契《せつ》は、母を簡狄《かんてき》といい、有娀《ゆうじゅう》氏の女にして、帝嚳《ていこう》の次妃たり。……」

という。つまり、ここで殷の始祖とされている契は、帝嚳の庶子である。帝嚳は『史記』五帝本紀その他では、五帝に数えられて、黄帝の曽孫、帝尭の父とされている。また、周本紀によれば、周の始祖、后稷《こうしょく》の父でもある。殷・周両王朝の始祖が、ともに五帝の第三、帝嚳を父として生まれたとされるのは興味ある問題であるが、ここでは触れない。(2) これ以後、殷本紀は、契の事蹟を記したあと、

「契卒し、子、昭明立つ。昭明卒し、子、相土立つ。相土卒し、子、昌若立つ。昌若卒し、子、曹圉《そうぎょ》立つ。曹圉卒し、子、冥立つ。冥卒し、子、振立つ。振卒し、子微立つ。微卒し、子、報丁立つ。報丁卒し、子、報乙立つ。報乙卒し、子、報丙立つ。報丙卒し、子、主壬立つ。主壬卒し、子、主癸立つ。主癸卒し、子、天乙立つ。これ成湯たり。……」

という。つまり、帝嚳から天乙まで、十五人が、父の死後にその子が継ぐという、一系の乱れない相続をしたことになっている。さて夏王朝の末王桀を伐《う》って、殷王朝をひらいたのは成湯（天乙）であり、したがって、殷王朝の始祖としては天乙から数え、三十代目の帝辛で終わるわけである。そこで、帝嚳から主癸までの十四世は、先公と呼ばれる。このうち、先公第九世は、殷本紀では単に微としか記していないが、例えば『国語』魯語や『竹書紀年』などには、上甲と呼んでいる。そうすると、帝嚳から振までにはみられないが、上甲微から主癸までは、天乙以下と同様にみな十干

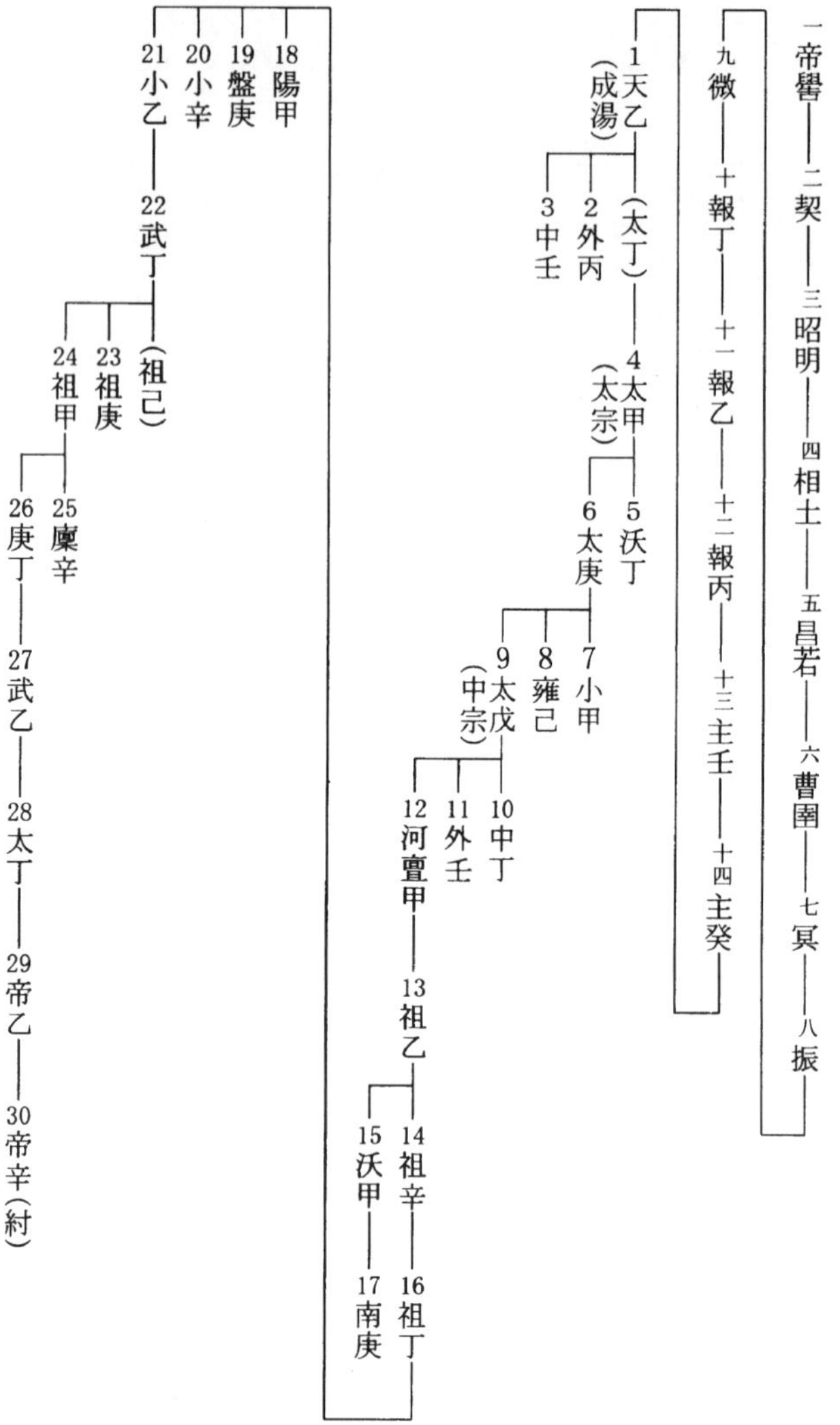


表1 『史記』殷本紀による殷代王室世系表

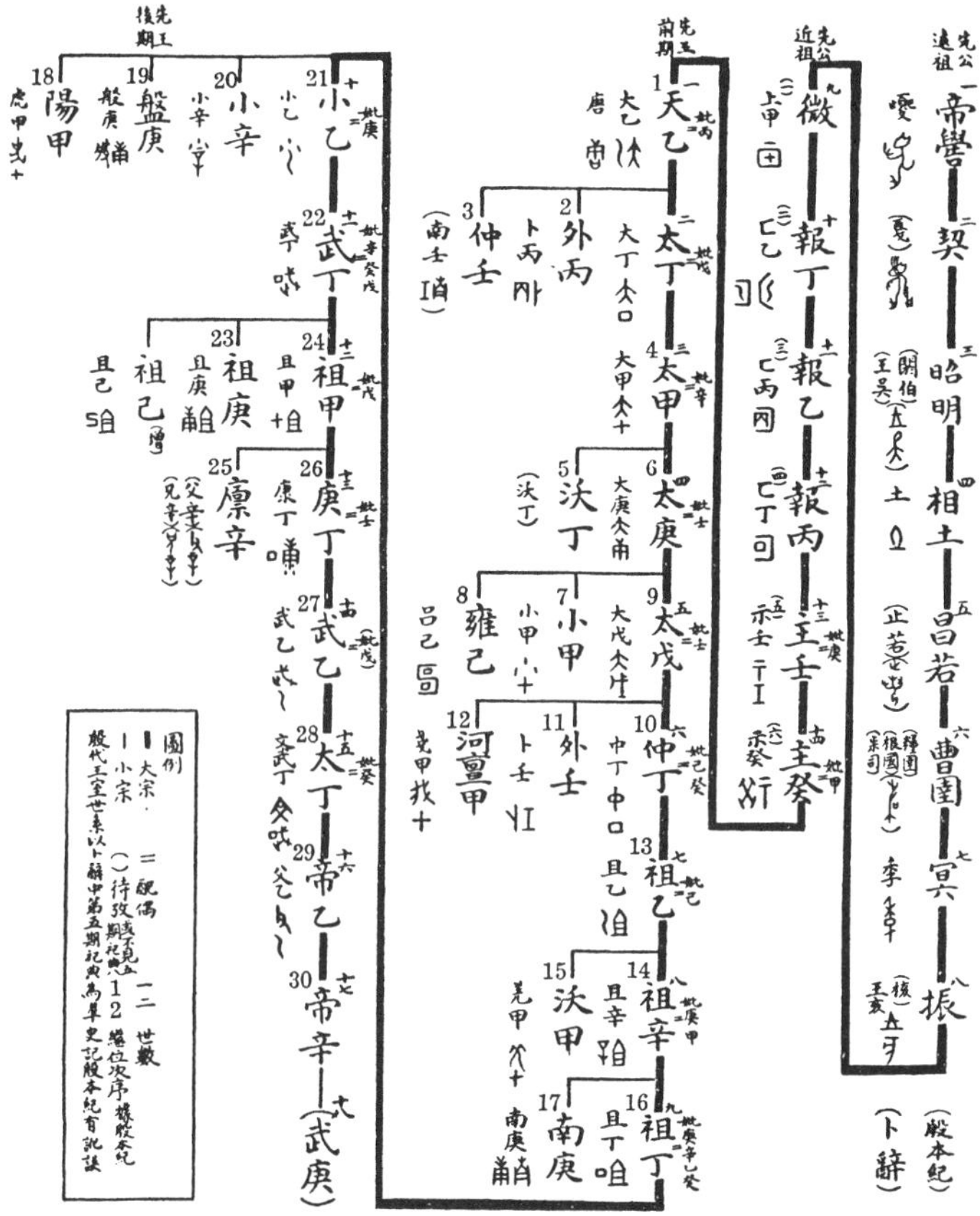

表2　董作賓氏による殷代王室世系表（董作賓『甲骨学五十年』より）

によって命名されていることになる。つまり、文献上からだけみても、帝嚳から振までと、微から主癸までの二段に分けて考えられることが明らかであろう。前者を先公遠祖、後者を先公近祖と呼ぶことにしよう。天乙以下のいわゆる先王では、盤庚が殷墟に移ってからとそれ以前とに分ける場合があるが、それはここでは無関係であるから、触れないでおこう。『史記』殷本紀では右のように記されているが、他の古文献、たとえば、『左伝』、『国語』、『山海経』、『楚辞』、『竹書紀年』、『帝王世紀』等々に部分的に示されるところと比較してみると、わずかずつながら相違しているところも少なくないけれども、大綱としては、ほぼ合致しているといってよいであろう。以下の論述で必要な場合にのみ、その異同を指摘することにしよう。

さて、前述したように、これら古文献に記されている殷代王室の世系が、はたして実在のものであったかどうかという点については、甲骨文が発見されるまで、何ら確証はなかった。そして、その発見直後から、甲骨文の時代・性格の追究の問題と関連して、この問題が、クローズアップされてきたのであった。

甲骨文が世に紹介された最初の書物として名高い『鉄雲蔵亀』(3)の自序に、劉鉄雲《りゅうてつうん》は、卜辞中にみられる人名として、祖乙・祖辛・祖丁・母庚の名を挙げ、これらが、十干に基づいた名をもっているところから、殷人のものであろうとした。この推定は、結果的には誤りでなかったが、しかし実はこれだけでは甚《はなは》だ不充分である。何故なら、夏本紀にも十干の名をもつ王の名がみえるし、また周代の金文でも多くの場合に、十干を名とする祖先名があらわれるからである。『鉄雲蔵亀』を詳細に検討した孫《そん》詒譲《いじょう》は、この書のうちから、祖甲・祖庚・大甲・大丁・大戊・羌甲・南庚や、祖某・父某・兄某・女（母）某など二十二名を挙げ、さらに大甲・大丁・大戊・南庚などについて、「殷の先王と同じ名号のものが多い」[4]とした。孫氏の未刊稿本を入手した羅振玉《らしんぎょく》は、この見解に大いに触発されるところがあったに相違ない。羅氏が『殷商貞卜文字攷』[5]を著したときには、すでに甲骨文が殷墟から出土したものであることを確かめていたのであり、この知識に支えられて、「また、刻辞中に殷の帝王の名号を十以上も見いだしえたので、この卜辞が、実に殷室王朝の遺物であることを明瞭に知ることができた」といっている。のちの、羅氏の甲骨文研究の決算ともいうべき『殷虚書契考釈』[6]では、『史記』殷本紀の成湯〜帝辛の三十王と比較すべきものとして二十二名を挙げている。即ち、羅氏のこの見解によって、はじめて甲骨文のこれら人名が、『史記』殷本紀に見いだされる殷の王名であることが確認されたのであって、甲骨文が殷王室の遺物であり、また殷本紀の世系がほとんど信ずべきものであるということが、ここに説得性をもちえたのであった。羅氏のこの考定によって、甲骨文のもつ基本的な性格がはじめて明らかになったのであって、その意義はまことに大であったといわなくてはならない。世系研究の立場からいうと、考定された天乙以下の三十王のうちの二十二のほとんどが、今日でも正確とされているのであり、しかもそのうちで甲骨文で卜丙・卜壬・庚丁とあるのは、『史記』などの外丙・外壬・康丁に当たろうとしているなど、

図1　『殷契粋編』112（松丸摹）

文献の誤りを正した箇所もある。また、先公近祖のうちの主壬・主癸は、甲骨文の示壬・示癸であろうとしたのも卓見であった。しかし、羅氏の場合、甲骨文に見いだされる王名らしきものを、個々に文献中に求めるという、方法上の限定があった。〓甲（羌甲）を羊甲と誤釈した上で、羊・陽が古音通ずるとみて、陽甲に比定したのは、このような方法のみによる場合に起こりうる誤謬であった。

羅氏の考定は、その高弟、王国維《おうこくい》の研究(7)によって、一段と深められた。個々の先王についての検討が詳細になっている点はもとより見逃せないとしても、特に注目されるのは、羅氏が個別的に、卜辞中に先王名の有無を確かめようと試みたのにくらべて、少数の卜辞に先王名が列記してあるのに着目して先王の系譜を問題とした点、また、考察の対象を先王のみならず、先公ことに先公遠祖にも拡げた点である。王氏は図1のAとBの二片がもと一片であったことを知って綴合《てつごう》し（のちに董作賓《とうさくひん》がさらにCを綴合した）、これが、世系研究のひとつの画期となった。

乙未、酌𢆶品上甲十・報乙三・報丙三・報丁三・示壬三・示癸三・大乙十・大丁十・大甲十・大庚七・（?）三・〔大戊□・中丁〕三・祖乙〔□・祖辛□……〕。

とあり、酌𢆶品の解釈に関しては種々の異説があるけれども、乙未の日に行う祖先祭の際に祭る先公・先王の名と個々に進献する祭品の数を記したものであろう。この卜辞と世系表を対照すれば明らかなように、先王のうち祭られるもの、つまり直系先王と、祭られないものつまり傍系先王の別があり、各世代に一人ずつの直系先王がみとめられる。また、先公近祖のいわゆる六示については、『史記』に示される順に誤りがあって、上甲微――報乙――報丙――報丁――示壬――示癸と、十干順にきわめて順序よく並んでいたことが明らかになった。王氏は、このように復原された先王近祖の実在性にやや疑問を懐《いだ》き、さらに内藤湖南氏も、殷人は、生日《せいじつ》をもって祀ることになっているが、甲乙丙丁……壬癸と、あまり順序の良すぎるのが疑問であって、あるいは大乙以前は、想像がまじっているのではないか、としている。その点はのちに考えるとして、殷代後期の卜辞時期には、このような順で祖先系譜が考えられていたことには誤りない。王氏はまた、先王遠祖をも卜辞中の諸神と対比させ、たとえば、卜辞の夋《しゅん》が、始祖の帝嚳であることを、古文献によって論証し、五帝伝説が、仮に伝説であったにせよ、少なくとも殷代後期にまで溯りうる伝説であることを明らかにした。また犠牲に牛三百も用いている場合もある卜辞の王亥《おうがい》は、上甲の父である『史記』の振、『漢書』古今人表の垓、『古本竹書紀年』の殷王子亥などであるとし、『山海経』その他の伝説を総合して、これが中国最初の牧牛者であるとした。また卜辞の王恆は、世系表にはみられないが、王亥の兄弟であったとした。この王氏によってはじめて開拓された先公遠祖（高祖神）の比定については、今日でもいろいろ問題にされている。たとえば、陳夢家《ちんぼうか》氏は、王亥は振にあてるべきでなく、始祖契であろうという新説をだしている。[8] 高祖神は、少なくとも上甲以下とは異なって殷代における伝説上のものであろうし、個々の高祖神が本来、系列化されていたわけでもないと思われるから、その比定に問題が残るのは、ある意味で当然といえよう。

以上のような経過をたどりながら、卜辞と文献を対比させつつ、次第に王室世系がはっきりとしてきた。これまで触れなかったが、示壬以下の諸王の配妣《はいひ》の名も、羅氏以来徐々に明らかにされてきた。このあと、甲骨文史料の増加に伴い、王氏の研究の線に沿って、郭沫若《かくまつじゃく》・呉其昌《ごきしょう》・董作賓（表2参照）といった人たちをはじめとして、多くの研究者の参加によって、殷代世系は、なおいくたの問題や論点を残しながらも、次第に精密さを加えつつ、『史記』殷本紀に記されるところが大綱としては疑う余地なく立証された史実として承認されるに至ったのである。甲骨文研究のための基礎を固めるために何よりも重要な問題であったことは言うまでもない。

### 董作賓氏の断代研究

この世系研究は、その後ただちに、甲骨文の史料操作上欠《か》かせない、いわゆる断代研究を可能としたのであった。王国維の研究によって、甲骨文は、盤庚が殷墟に都を遷《うつ》して以来、末王帝辛に至る十二王のいわば殷代後期ともいうべき時期に作製されたものであることが明らかにされ、王氏はこの期間が二百七十三年間であろうと考定している。しかし、各甲骨片が、およそ何王の時期のものであるかといった断代推定はできなかった。それを可能にしたのが、董作賓の断代研究であった。(9) 先に結論からいうと、各卜辞を、いくつかの基準から、

第一期　（盤庚・小辛・小乙）・武丁
第二期　祖庚・祖甲
第三期　廩辛《りんしん》・康丁
第四期　武乙・文丁（文武丁）
第五期　帝乙・帝辛

の五期に画しうるというのである。甲骨文には、既述のように、先王の名が主として受祭者としてしばしば見いだされるのであるが、世系表が確実なものとなったために、一片の甲骨中に数名の名が組み合わされて出てくる場合には、それを世系表中に求めることによって、その甲骨の時代を決定しうるのである。というのは、甲骨文での先王の称謂（称呼）は、その時点からみて二世以上前のものに対しては、ほぼ世系表にあらわれる名を用いているのであるが、一世前の先王はみな父某、その配妣は母某、同世代の故王は兄某のごとく呼ぶことになっているためである。たとえば図

2は、

A　癸酉卜、行貞、王〔賓〕父丁歳三牛、眔兄己一牛、兄庚□□、亡尤。

B　癸酉卜、行貞、王賓叔、亡尤。在十月。

C　□亥卜、行貞、王賓妣庚歳二宰、叔、〔亡〕尤。

とあり、受祭者名として、Aに父丁・兄己・兄庚、Cに妣庚がみられる。妣庚がだれの配かは今は問わないとして、盤庚以後の諸王のうち、父丁・兄己・兄庚と呼びうる故王をもつ条件にあるのは、祖甲のみである。とすれば、この甲骨文中にいう王とは祖甲のことであり、この甲骨文は、祖甲期に作製されたものに相違ない。このような推論を重ねることによって、何片かの甲骨の時代が決定しうる。次に、董氏の研究によって、Aの癸酉卜、行貞、……（癸酉の日に卜す、行が貞《と》う、……）の行とは、この貞卜《ていぼく》をおこなった占卜者（貞人と呼ぶ）の署名であることがわかった。しからば行もまた祖甲期に生存した人であったに相違ない。この卜辞では、A・B・C辞は、いずれも行が占卜をしている。しかし、別の甲骨片、たとえば図3のような場合、A・Bの貞人は同じく行であるが、C辞の貞人は尹であり、したがって、尹は行と同時期、すなわち祖甲期に生存した貞人であったと推測しうるであろう。このような方法で、同時期の貞人群を、同版関係（一片の甲骨中に二人またはそれ以上の貞人名が記されている場合、それら貞人が同時期に活躍した関係にあることをいう）によって整理し、各時期の貞人を定めえたのである。董氏の当初の研究では、貞人数が少なかったが、その後、史料の増加と検討の精緻化によって、合計一二〇ほどの貞人名が確認され[10]、時代推定も、第一期か第四期かで論争のある一群を除いてはほとんど定論化している。相当数の卜辞に

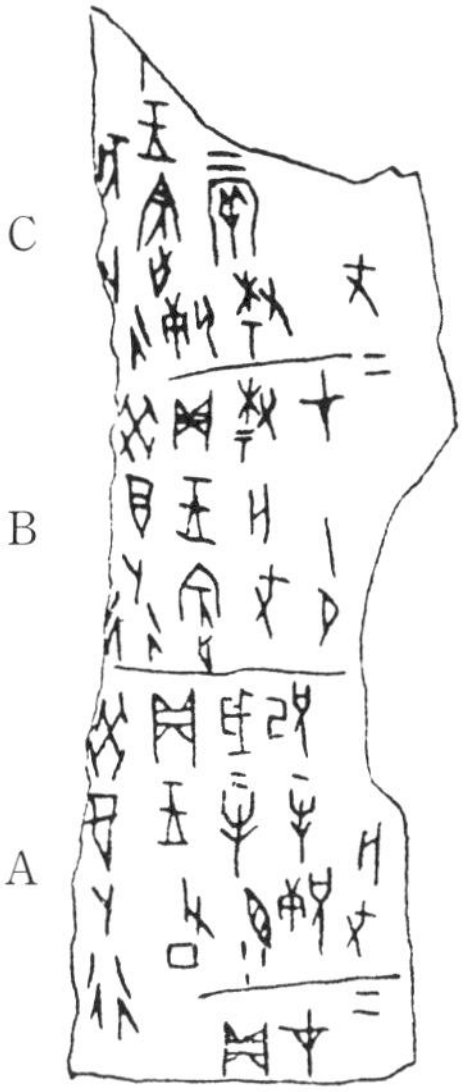


図 2 『殷虚書契後編』上 19.14（松丸摹）

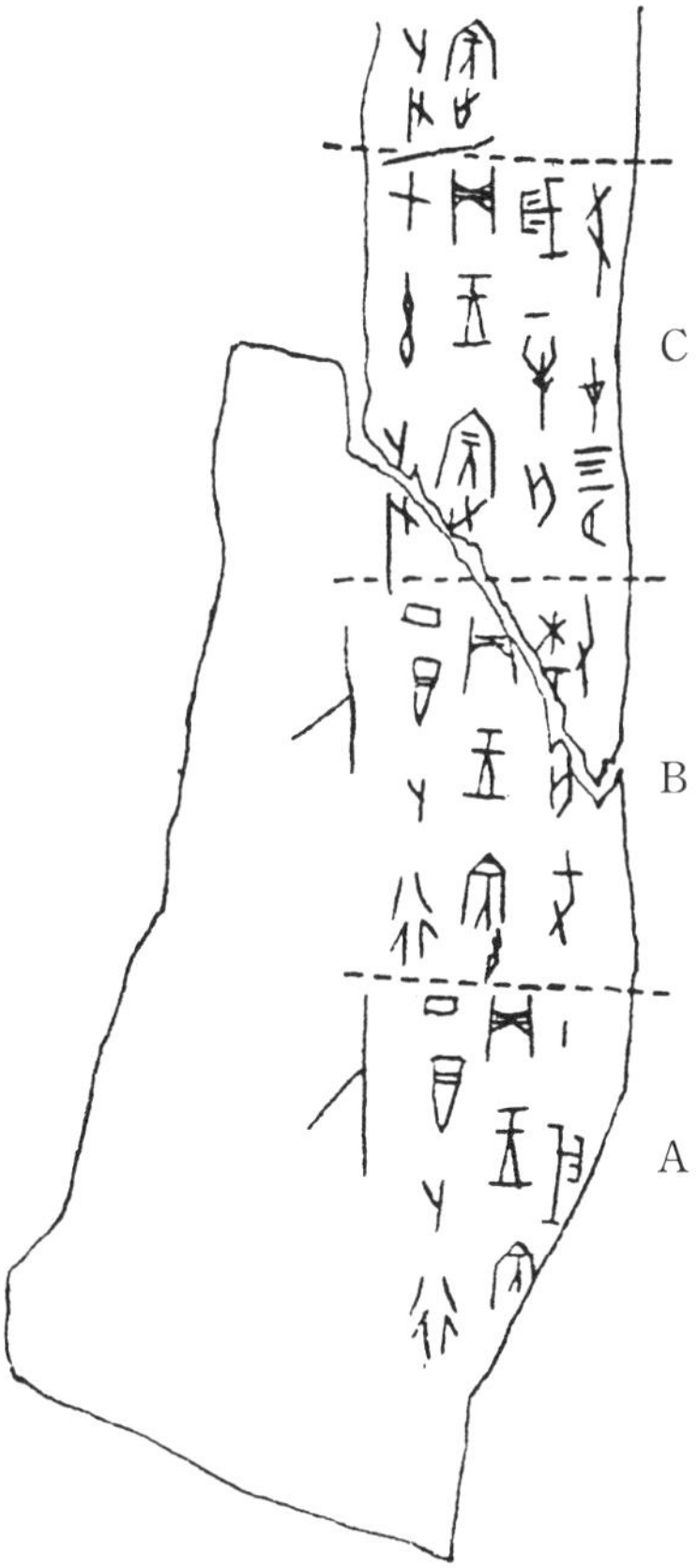


図 3 『殷契粋編』509（松丸摹）

貞人名が記してあるけれども、ない場合もある。そこでさらに、出土坑の位置、卜辞中の貞人以外の人物、文法・字形・書体などを考え合わせることによって、一片一片の甲骨についてほぼ誤りなく時期推定することができるようになったのである。

### 先王・先妣祭祀の研究

断代研究の進展によって、甲骨文研究は急激に展開した。二、三百年間の同時史料としてではなく、時期的に細分することが可能となった結果、様々な側面から武丁~帝辛間における変化の動態を捉えることが可能になったためである。そのなかで、特に注目に値するもののひとつが、先王および先妣《せんぴ》の定例祭祀規定の発見である。この研究は、董作賓氏と島邦男氏によって、戦中~戦後の間に、全く独立になされ、のちに二著がその大綱においてほとんど合致していることが明らかになった、というエピソードをもつ。(11) 通常、五祀または周祭と呼ばれているこの祭祀は、祭・壹・𠭯・彡・翌の五つの祭祀であって、各々が具体的にどのような祭祀であったかは定説がないけれども、その実施に関する規則は詳細に明らかにされた。上甲からはじまって先王・先妣は、その名の干の日に、世代および即位順で別表(表3)のように、右の五祀を、順次享《う》けるのである。五祀はいずれも各々が、たとえば甲骨文第五期では表3の第十二旬までを要する。まず「祭」が行われると一旬遅れて「壹」をはじめ、次にまた一旬遅れて「𠭯」をはじめるので、「𠭯」の終わるまでに十四旬を要し、そのあと独立に「彡」を、最後に「翌」を、各々十二旬要して行う。したがって計三十八旬すなわち大略一カ年を要するのであって、その緻密なことはまさに一驚に値する。

この祀序の復原によって、改めて世系表を再検討してみようということになった。陳夢家、島邦男氏らの考えである。たとえば、表1で天乙（＝大乙）から三代目の中壬は、祀序表中にない。中壬は外丙（＝卜丙）のあとであるから、編入するなら第四旬壬日しかないが、その二日前には、大

| 祀日 | 甲 | 乙 | 丙 | 丁 | 戊 | 己 | 庚 | 辛 | 壬 | 癸 |
|---|---|---|---|---|---|---|---|---|---|---|
| 第一旬 | 工典 | | | | | | | | | |
| 第二旬 | 上甲 | 報乙 | 報丙 | 報丁 | | | | | 示壬 | 示癸 |
| 第三旬 | | 大乙 | | 大丁 | | | 示壬妣庚 | | | |
| 第四旬 | 大甲 示癸妣甲 | | 卜丙 大乙妣丙 | | 大丁妣戊 | | 大庚 | 大甲妣辛 | 大庚妣壬 | |
| 第五旬 | 小甲 | | | | 大戊 | 雍己 | | | 大戊妣壬 | |
| 第六旬 | | | | 中丁 | | 中丁妣己 | | | 卜壬 | 中丁妣癸 |
| 第七旬 | 戔甲 | 祖乙 | | | | 祖乙妣己 | | 祖辛 | 祖辛妣壬 | |
| 第八旬 | 沃甲 祖辛妣甲 | | | 祖丁 | | 祖丁妣己 | 南庚 祖辛妣庚 祖丁妣庚 | | | |
| 第九旬 | 陽甲 祖丁妣甲 | | | | | | 般庚 | 小辛 | | |
| 第十旬 | | 小乙 | | 武丁 | | 祖己 小乙妣己 | 祖庚 小乙妣庚 | 武丁妣辛 | | 武丁妣癸 |
| 第十一旬 | 祖甲 | | | 康丁 | 武丁妣戊 祖甲妣戊 | | | 康丁妣辛 | | |
| 第十二旬 | | 武乙 | | 文武丁 | 武乙妣戊 | | | | | 文武丁妣癸 |

表3　先王・先妣祀序表（島邦男氏による）

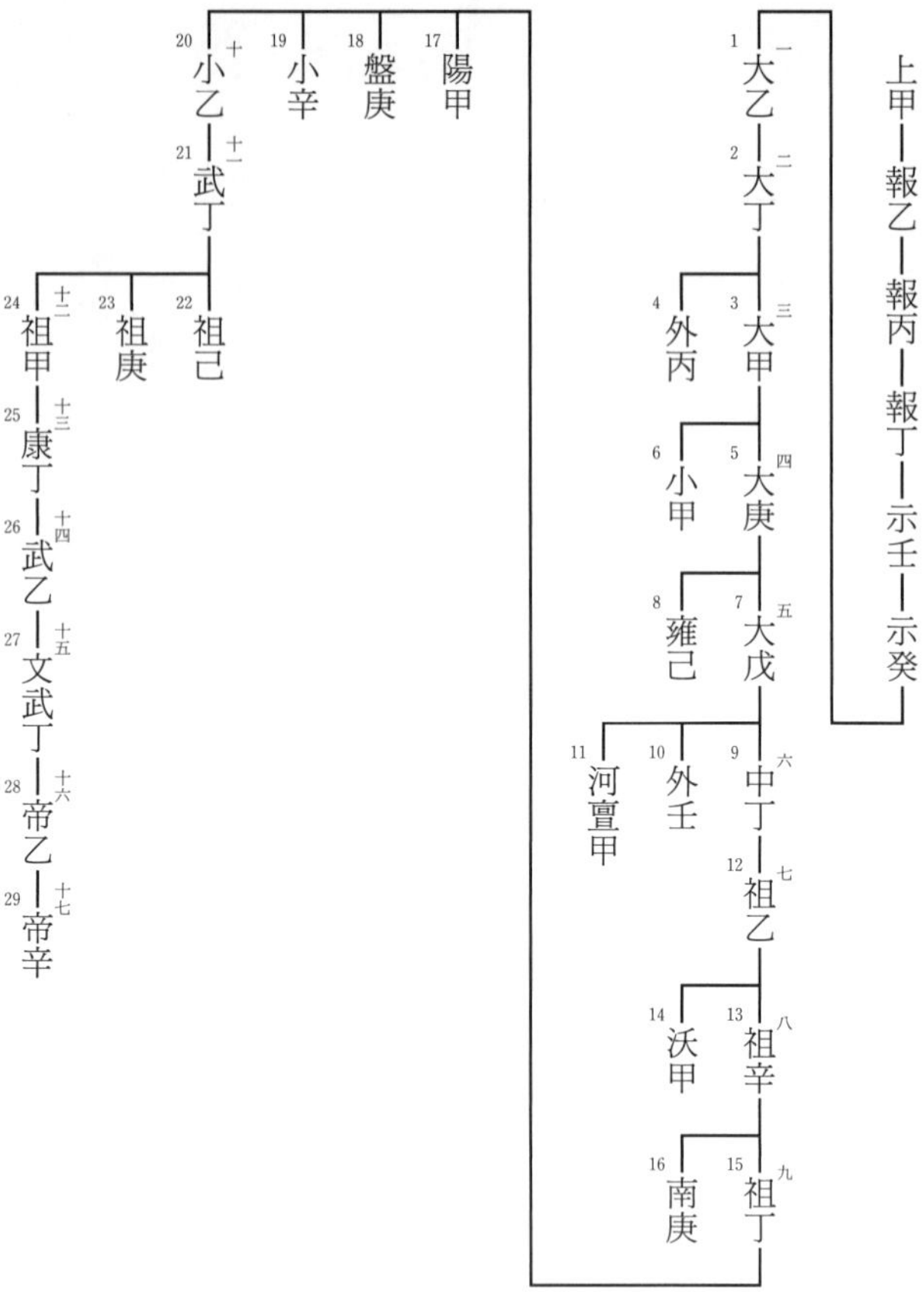


表4　島邦男氏考定の殷代王室世系表

庚がすでに排されているので、この中に列し得ないことになる。そう考えてみると、この名は卜辞中にいまだ発見されていないのであって、ほぼ『史記』の誤伝とみてよさそうである。第二十五代の廩辛もまた、卜辞中にみられず、祀序表に編入しようと思っても、祖甲と康丁の間に入れることができないので、或いは抹消すべきかと考えられる。逆に、『史記』では「未だ立たず」とされている大丁、祖己はいずれも祀序表中に編入されており、大丁のごときはその配の妣戊も入っているところからみれば、正式に即位した王だったであろう。このようなかなりの修正を、この祀序表の分析から、うけるようになったのであり、なお小部分では異論もないではないが、ここでは、これに一定の結論を与えたもののひとつの例として、島氏の考定になる世系表（表4）を掲げておこう。

**殷王室の構造の解明に向けて**

以上に述べてきたことは、世系をいかに正すか、また甲骨文研究上いかに役立ってきたか、ということに関してであったが、もとより、世系表から歴史上の問題点を汲み出そうとする考え方がなかったわけではない。王国維氏は、世系表のなかに兄弟相続の多いことに注目して、殷の相続制度は、弟が継ぐのが原則であって、子が継ぐのは弟のなかった場合である、とした。そしてこれは、周代の父子相続制と極めて対照的であって、殷周の間の政治上社会上の相違は、この相続制の相違に端を発したものだとした[12]。また、郭沫若氏は、一世代前の先王が複数の時、これらをすべて父某と呼び（たとえば武丁のとき、陽甲・盤庚・小辛・小乙を、父甲・父庚・父辛・父乙と呼ぶ）、先妣も同様であること、多父・多母の語が甲骨文中にあることなどから、当時はいまだ兄弟姉妹が互いに群れをなして婚姻する、モルガンのいうあのプナルア家族の亜血族群婚制の段階だったのであり、かつ先妣が先王と同格に祭られているところから、母権の強力な社会であったろうとした。[13] これらは、いずれも今日からすれば明瞭に誤りであって、殷周革命による社会的変化をそれほど大きいものとみることもできないし、プナルア婚にもとづく原始共産制社会だったとも考えられない。[14] その後も、世系研究にもとづいたいろいろの見解がだされたが、ここでは、とくに最近だされたふたつの興味ある問題に触れておきたい。

そのひとつは、伊藤道治氏の考えである。[15] 氏は大乙から十代目の中丁を境として、それ以前で末弟の子が相続しているのに対し、それ以後小乙までは、長兄の子が相続するという継承上の変化があったことを指摘するとともに、中丁・祖辛・祖丁・武丁には複数の配妣があり、その数が中丁以外は子王の数と合致することを発見している。

これについて伊藤氏は、「このことは、兄弟の王はそれぞれ生母をことにすることを示すものである」といっているのみなのであるが、私は、これ以外の場合も考え合わせてみて、一、二の未定の問題は含むけれども、むしろ殷王世系中で兄弟として排列されているものは、ほとんどすべて異母兄弟だったとみるべきであろうと考える。このことは、そもそも従来指摘されてきた兄弟相続が多いということとともに、極めて特異な現象だといわなくてはならないであろう。伊藤氏は、子王が即位する場合に、その生母の出身する族の存在および影響を考えているようであるが、おそらくそれは正当であろう。つまり、この考え方でおし進めていくと、世系中に多数みられる兄弟相続のほとんどが、諸族間の王位獲得をめぐる対立抗争の末に、前王とは別系の族に王位が移行した場合だったのであり、したがって、この間に実際の兄弟関係があったかは疑わしいと考えられるのである。このように見てくると、上甲から示癸までのあまりに順序のよすぎる世系を一応別にしても、大乙～帝辛の連綿と三十代にわたる王統が、これまで血縁関係として理解されてきたものの、擬制的作為的に整序された王統であったかもしれないという疑問をさしはさむ余地は、充分にあるのである。

その二は、張光直氏の奇抜な着想である。[16] まず、上甲～帝辛の三十七王の十干をみると、甲・乙・丁だけが極めて多くその合計が二十一王に達している。各王にどの干が与えられるかについては、これまでに①長幼の順によって定めたとする次序説、②死後に占卜によって定めたとする卜選説、③生日説、④死日説、の四説があったが、これらの説をもってしては、右のような偏差を理解しえないし、まして以下のよう

| 王 | 王妣 | 子王 |
|---|---|---|
| 中丁 | 妣己・妣癸 | 祖乙 |
| 祖辛 | 妣甲・妣庚 | 祖丁・南庚 |
| 祖丁 | 妣庚・妣辛・妣己・妣癸 | 陽甲・般庚・小辛・小乙 |
| 武丁 | 妣戊・妣辛・妣癸 | 祖己・祖庚・祖甲 |

な世系中の廟号の現れ方に関する規則性を解釈することはできない。すなわち、大乙以下、各世代に、甲・乙と丁とが交代で極めて規則的に出現する。つまり、天乙——太丁——太甲——沃丁——小甲——中丁——祖乙……祖丁——小乙——武丁——祖甲——康丁——武乙——太丁——帝乙であって、祖乙〜祖丁間と最後の帝辛が合致しないだけであるが、これも、解釈のつかないわけではない。そして、甲・乙組（A組）と丁組（B組）は、兄弟・祖孫の間は同組、父子の間は異組と見なすシェーマのもとに、残余の干（丙・戊・己・庚・壬・辛・癸）もA組かB組のいずれかに分属せしめた上で結局、これが殷王室のうちの二大支族で、この間にCross-cousin Marriage（性を異にする父母の兄弟姉妹の子との結婚）が行われていたのであろう、と主張したのである。

この見解、とくに甲乙と丁との交代を見いだした点は、極めて示唆的であるが、それだけに、いろいろと問題もある。まず考察の前提を、『史記』殷本紀の世系に拠《よ》っているけれども、このうちにかなり修正されねばならない点があるのは、すでに述べてきたところである。また甲乙組と丁組の交代とされているけれども、これは後者を丁辛組と見る方が、第十四代祖辛および末王帝辛の場合を容易に説明しうるであろう。さらに、大乙〜帝辛十七世中、甲乙、丁辛名の王は直系大示の多いなかで、なぜ沃丁と小甲のみがそれぞれ大庚、大戊の代わりに傍系小示をもって数えられなければならないのか、といった疑問もありうるであろう。さらに残余の六干をA・B両組のいずれかに分属せしめようとする試みは、説得性をもたないようである。なぜなら張氏の主張にもとづいて、交代にA・Bのいずれかに分属せしめようとすると、傍系小示の十四王のうち原則に合致しない場合が半数を占めるからである。

しかし、このような欠陥にもかかわらず、甲乙と丁辛が規則的に世系中に出現しているというその点をことごとく否定するわけにはいかないようである。私はむしろ前述のように、王統が何らかの意図にもとづいて擬制的・作為的に整序されたものではないかという疑いをもっているのであるが、それとこのA・B組交代とがどのように関連づけて考えられるべきものなのか、はなはだ明らかでない。これをいかに統一的に理解するかが、今後の課題でなくてはならないであろう。

以上のようにみてくるならば、殷王室の世系研究は、いかに世系を確定するかというところからすすんで、今やようやくそこにひそむ意味を探るための鍵が見いだされるようになった段階であって、今後この問題がどのように展開し、殷王室の構造の解明にいかなる寄与をするか、予断しがたいといえるであろう。

注

(1) 以上のような極めて簡略にすぎる記述では、甲骨文の内容や研究史および殷墟発掘の成果等についてその概要をうかがうことは困難であろう。邦語文献に限って紹介しておけば、貝塚茂樹編『古代殷帝国』（東京・みすず書房、一九五七年）は、平明な記述のうちにも、斯学の現況を適確に示している点で、秀《すぐ》れた入門書である。本書の参考文献目録も有益。甲骨文の精粋を示して釈文・解説を加えたものには、『書道全集・第一巻』（東京・平凡社、一九五四年）、松丸道雄『甲骨文字』（東京・奎星会出版部、一九五九年）、白川静『殷・甲骨文集』（東京・二玄社、一九六三年）がある。さらに専門的なものとしては、貝塚茂樹『中国古代史学の発展』（東京・弘文堂、一九四六年）、島邦男『殷墟卜辞研究』（弘前・弘前大学中国学研究会、一九五八年）がある。

(2) なお、帝嚳は、また高辛と呼ばれている（五帝本紀）。いわゆる殷の先公遠祖のうちで、十干名をもつものはこれだけであって注目されると同時に、それが辛であることは、後述の問題と関連して、はなはだ興味深いところである。

(3) 劉鉄雲『鉄雲蔵亀』一九〇三年。

(4) 孫詒譲『契文挙例』一九一七年。ただし本書の稿は、一九〇四年に完成していた。

(5) 羅振玉『殷商貞卜文字攷』一九一〇年。

(6) 羅振玉『殷虚書契考釈』一九一五年。増訂本、一九二七年。

(7) 王国維「殷卜辞中所見先公先王考」「同続考」「殷周制度論」『観堂集林』巻九、十収、一九二三年。

(8) 陳夢家『殷虚卜辞綜述』一九五六年。

(9) 董作賓「大亀四版考釈」安陽発掘報告第三期、一九三一年、同「甲骨文断代研究例」国立中央研究院歴史語言研究所集刊外編第一種上冊、一九三三年。共に『董作賓学術論著』上冊、一九六二年に収録。

(10) 董作賓『甲骨学五十年』一九五五年、陳夢家・前掲書（注8）、島邦男・前掲書（注1）、饒宗頤『殷代貞卜人物通考』一九五九年など。

(11) 董作賓『殷暦譜』一九四五年。島邦男『祭祀卜辞の研究』一九五三年。同、前掲書（注1）。

(12) 王国維「殷周制度論」前掲。

(13) 郭沫若『中国古代社会研究』一九三〇年。

(14) 郭沫若『十批判書』（邦訳『中国古代の思想家たち』）一九四五年。

(15) 伊藤道治「殷代における祖先祭祀と貞人集団――殷王朝の構造、その一――」『研究』（神戸大学）第二八号、一九六二年。

(16) 張光直「商王廟号新考」中央研究院民族学研究所集刊第十五期、一九六三年。

# Ⅸ　十二支の「巳」をめぐる奇妙な問題

## 干支とは

来年の干支は「癸巳」です。年賀状などに、これに因《ちな》んで様々に採り上げられることが多いし、本誌でも、例年、正月号には「干支印」の特集が組まれ、殊に篆刻誌ですから、多くの場合、古文体が用いられています。しかし、この「巳」の古文については、ちょっと厄介な問題がありますので、特に編集子と相談の上、老婆心からなるべく簡潔に一文を草することに致しました。

その前に、これは常識の範囲内ながら、念のために、干支についての基本的ないくつかのことを記しておきます。

一、干支とは、幹枝の略で、十干が基本。十干はおそらく中国起源であろう（確証はない）。十二支は、メソポタミア文明に起源する、とする説が有力である。[1] この両者がひとつに合わされて「六十干支」とされたのが何時かも不明である。

二、中国で、干支は、すでに最古の漢字・甲骨文字のもっとも古い段階（殷の二十二代・武丁期、紀元前十四世紀）のものの中に整然とした体系をもって六十干支として頻繁に用いられ、これは、日付けを表すことのみに用いられた。

三、十（干）と十二（支）の全ての組み合わせ（百二十）ではなく、その最小公倍数六十によって成り立っている。つまり、組み合わせにならない六十組も存在している。

四、後漢ごろから、干支は歳を表すのにも用いられるようになった。

五、また、十二支に十二種の動物を配当することは、同じ後漢ごろより始まったらしい。ただし、十二支に各々の動物が何故振り当てられたのかは、今も不明である（因みに、虎はモンゴルでは豹、ウサギはベトナムでは猫、猪は中国・チベット・タイでは豚、になっている）。

右の三にいうところを表示してみれば、表1のようになります。

つまり、十干と十二支の組み合わせができるのは、表1の六十だけで、例えば、「甲丑」、「乙子」……といった組み合わせは、絶対できない、という仕組みになっています。

| | | | | | | | | | |
|---|---|---|---|---|---|---|---|---|---|
| 1 甲子 | 2 乙丑 | 3 丙寅 | 4 丁卯 | 5 戊辰 | 6 己巳 | 7 庚午 | 8 辛未 | 9 壬申 | 10 癸酉 |
| 11 甲戌 | 12 乙亥 | 13 丙子 | 14 丁丑 | 15 戊寅 | 16 己卯 | 17 庚辰 | 18 辛巳 | 19 壬午 | 20 癸未 |
| 21 甲申 | 22 乙酉 | 23 丙戌 | 24 丁亥 | 25 戊子 | 26 己丑 | 27 庚寅 | 28 辛卯 | 29 壬辰 | 30 癸巳 |
| 31 甲午 | 32 乙未 | 33 丙申 | 34 丁酉 | 35 戊戌 | 36 己亥 | 37 庚子 | 38 辛丑 | 39 壬寅 | 40 癸卯 |
| 41 甲辰 | 42 乙巳 | 43 丙午 | 44 丁未 | 45 戊申 | 46 己酉 | 47 庚戌 | 48 辛亥 | 49 壬子 | 50 癸丑 |
| 51 甲寅 | 52 乙卯 | 53 丙辰 | 54 丁巳 | 55 戊午 | 56 己未 | 57 庚申 | 58 辛酉 | 59 壬戌 | 60 癸亥 |

表1　六十干支表

## 甲骨文の干支

ところが、十九世紀末に甲骨文字が発見され、この最初の拓本集『鉄雲蔵亀』が一九〇三年に刊行されると間もなく、奇妙なことに気づかれました。これに最初に気づいて「これはおかしい」といったことを言いだしたのは、わが林泰輔博士で、[2]多数の用例があるにも拘《かか》わらず、①その中に「□巳」の用例がひとつもない、②逆に、「乙子・丁子・己子・辛子・癸子」といった、組み合わされるべきでないものが見える。また、「これは、実は、鐘鼎文《しょうていぶん》（＝殷周金文）にも多数見出せる」といって、正確に問題を剔出《てきしゅつ》したのですが、また、③甲骨文の十干のうちには「の字あり、その何と釈すべきか甚だ明瞭ならず」といって匙を投げています。

しかし、それが、「ナーンダ！」となったのは、そのあと間もなく、その甲骨文中に、この六十干支の当時の一覧表が発見され、そのころ使われていた十二支の文字が、現行のそれと異なっている処があったことが判明したからでした。それによれば、殷代では、（子）は、現在のような十二支の第一番目ではなく、第六番目の文字として用いられていたことが、ここに明示されていたのです。そのうちで、缺文のない最も整った一例を示しておきます（図1）。

いくつもの干支表が、いずれもそのように書かれていたのですから、疑いようもなく、羅振玉《らしんぎょく》氏は、「しかし甲骨文中に、（巳）字が無いわけではないのに、干支の子字の部分に字を用いているものはひとつもなく、理解できない[3]」といっていますし、郭沫若《かくまつじゃく》氏は、十二支のうち

に子がふたつある、と考えたうえで、難解な議論を展開しています(4)。その後も干支表は大量に発見され、今日、数百片があります(5)。

甲骨文資料だけでこの問題を考えようとすると、どうしても無理だったようですが、その後、金文や青銅器そのものの編年の研究が急速に進歩して、かなり詳しく年代決定ができるようになってきたこと、および近二、三十年の戦国時代の簡牘《かんとく》類の大量発見およびその研究の発展とによって、甲骨文の干支と現行干支との間のズレが、いつごろ起きたのかを、かなり追いつめて考えることができるようになりました。

図1　『甲骨文合集』No.37986（縮尺1/2）

## 十二支の文字の移動

この間の変化の様子を、今ある資料に基づいて、解りやすく表にして示せば、表2のようになる、と私は考えています。

| 十二支順位 | 1 | 2 | 3 | 4 | 5 | 6 | 7 |
|---|---|---|---|---|---|---|---|
| 甲骨文初期 | | | | | | | |
| 甲骨文後期 | | | | | | | |
| 西周金文 | | | | | | | |
| 戦国期（？） | 消滅 | | | | | 移動 | |
| 包山楚簡（戦国期） | | | | | | | |
| 小篆（秦漢期） | | | | | | | |
| 隷定 | 子 | 丑 | 寅 | 卯 | 辰 | 巳 | 午 |
| 配当された動物 | ね | うし | とら | う | たつ | み | うま |

表2　十二支の文字の移動表（松丸製作）

十二支第一字の・・については、林泰輔氏が早くも指摘したように、今のどの漢字に当てたらよいか、わかりません。おそらく戦国期には無くなっていたためと思われ、説文籀文《ちゅうぶん》（後漢の許慎《きょしん》によって書かれた『説文解字』中に「籀文」として記されている、西周後期に西周王室で用いられていた文字）には、これは、十二支の子として、より古く用いられていたから、が子字として挙げられていますが、との理由でここに挙げられたに過ぎず、この二字が文字としての一系のものだということではないはずです（研究者の中には、これが一系の字だとして強弁する人もいますが……）。

そして、この字がなぜか消えたその空席に、第六番の字が横滑りして入りこんだのです。なぜこうなったのかは、今も不明です。

さらに、が移動したあとの空席には、それまで十二支とは無関係だった（巳）が滑り込みました。巳（祀）は殷代では、一年を通して行われた祭祀の意味をもつ字で、ひいては、一年をも意味する文字でした。

西周金文中でも頻繁に用いられている干支字は、全て甲骨文のそれと完全に一致しています。春秋時代の金文になると干支字の使用は、かなり少なくなりますが、それでも、前代と異なった用例は、ないようです。例えば、

・隹正十又一月辛、……（鼄公彭宇簠、集成九・四六一〇）

・隹王□月初吉丁、（三児段、集成八・四二四五）

・隹十又二月初吉、……（鄭大内史叔上匜、集成十六・一〇二八一）

などは、いずれも春秋期の銘文と考えられますが、その字の用い方は殷～西周期のそれと同様です。

しかるに、戦国後期の金文と考えられる

・十一年十一月乙、……（公朱左官鼎、集成五・二七〇一、『文物』一九六五年七期・一九六〇年陝西省臨潼県出土）

・（発巳）（右使車嗇夫鼎、集成五・二七〇七、『文物』一九八〇年九期・一九七九年、陝西省鳳翔県一号墓出土）

などになると、字が字に置き換えられているのです。また、この時期、大量に発見されている簡牘中の文字の中でも、「乙之日」（包山三六）、「十月辛之日」（包山九六）、「癸之夕」（江陵天星観）といった使われ方がされていて、戦国中～後期には、すでに秦国や楚国では、十二支第六番の文字は、からに変化してしまっていることは、明らかです。(6)そして、これ以降、十二支第六番目の文字としての巳字はこのまま定着し、その後二千年以上に亙《わた》ってそのまま今日まで使い続けられているわけです。

これは、たいへん不思議な現象だと言わなくてはなりません。〝戦国期になぜこのような移動現象がおきたのか?〟と聞かれても、今のところ、(私には)説明は困難です。中国の文字学者のうちには、この現象を文字学的に何とか説明しようとして苦労している人もいるのですが、難解な所説で、こと細かに説明するのも大変で、ここでは省かせてもらいます。かつ、いくらとが同字だと強弁してみても、干字との組み合わせが変わらざるをえないにも拘わらず、が十二支第六番から第一番に移動したのはなぜか、といったことは説明できないのだから無駄な議論だといわなくてはなりません。

多少関係があろうかと思われるのは、殷代甲骨文や西周金文中では、極めて頻繁に干支をもって日が記されていたのに、春秋期金文になると、それが相当に減少し、戦国期金文中では、ごく稀《まれ》であって、干支をもって日を記す習慣がかなり衰退したらしいこと(ただし、簡牘中には多い)、また、上古音(形声字の表音部分や『詩経』の押韻等を資料に推定・復元された漢代以前の漢字音)で比べてみても、子と巳は、極めて音が類似していて、混同され易かったのではないか、また、戦国期の筆写文字では、両者の字形が近似している、ということくらいです。しかし、だからといって、上記のような奇妙な現象の説明にならないのは、たしかです。

さて、わからないことはそのままにしておくとして、われわれとしては、来年の年賀状や賀印は、どうしたものか。戦国末以降の書体で書いたり刻《ほ》ったりする場合には、全く問題はありません。しかし、それ以前の甲骨文字、西周金文体、春秋期の文字を用いるとなると、上記の如き点に注意しないわけにはいきません。「癸巳」の古文を探そうとしても、古文字の字書から、「癸はだ」「巳はだ」と各々の甲骨文を探し出してとやったとすると、そもそも、甲骨文中には、この組み合わせの干支というのは存在していないというわけです。ここはやはり来年が今年の壬辰の次の歳である以上、甲骨文として書くのであれば、当時の干支表にしたがって、とせざるをえないのではないでしょうか。もちろん金文にしても同様のことが申せましょう。どうぞ、くれぐれもご注意の上、賀状、刻印等作成されますよう、念じ上げます。

注

(1) 郭沫若「釈支干」『甲骨文字研究』大東書局、一九三一年。又、人民出版社、一九五二年改訂本。

(2) 林泰輔「清国河南省湯陰県発見の亀甲獣骨に就きて（二）」『史学雑誌』第二十編第九号（一九〇八年九月）。のち林泰輔『支那上代之研究』光風館書店、一九二六年、所収。

(3) 羅振玉『殷虚書契考釈』初印本、一九一五年、第十八葉。同、増訂本、一九二七年、巻中第四葉。

(4) 郭氏前掲書。

(5) 甲骨文中の干支表については、松丸道雄「殷代の学書について―甲骨文字における〝習刻〟と〝法刻〟―」『書学書道史研究』第十号、二〇〇〇年、中の「二、干支表刻辞について」の項に詳しい。

(6) 簡牘文字の用例については、滕壬生『楚系簡帛文字編』湖北教育出版社、一九九五年、一〇八二頁〜。張光裕『包山楚簡文字編』藝文印書館、一九九六年、一四四頁〜。何琳儀『戦国古文字典』中華書局、一九九八年、六二頁〜、等を参照。

# X

# 漢字起源問題の新展開

## ——山東省鄒平県出土の「丁公陶片」をめぐって

## はじめに

漢字の起源については、太古蒼頡《そうけつ》が鳥の足跡を見て考案したというような伝説はさておき、むかしから多くの憶測がなされてきました。シュメール文字との同母系説なども唱えられたりしましたが、おそらく、今日ではそのように考える人はいないだろうと思います。

今日知られる最古の漢字は、百年近く前に発見された甲骨文であるとされ、これについて今世紀、集中的な研究が行われた結果、これらが文字の発達において、当時の漢語を書き表すことができるほどの一定の成熟が見られることが明らかにされました。その結果、さらに漢字の起源をさかのぼる文字資料も現れるのではないかと考えられるようになり、甲骨文より古い文字はどのようなものだったろう、というようなことが気になりだしました。これは当然のなりゆきでした。

おおよそ一九二〇年代に、甲骨文というものの史料的価値がはっきりしだし、研究が進んでくるにつれて、さらに古いものへ関心が向いて、いろいろなものが発見されるようになりました。

例えば、甲骨文よりさらに古いものではないかといわれるようなものとしては、一九三〇年代の中央研究院による山東省歴城県の城子崖《じょうしがい》の発掘でも、文字ふうのものが発見されております[1]。また、同じ三〇年代における何天行《かてんこう》による揚子江下流域の良渚《りょうしょ》文化の調査においても〝黒陶文字〟と称されるものが発見され、甲骨文との比較検討などが行われております[2]。

戦後、中国の考古学がこれは飛躍的にといっていいほどに発展したわけでありますが、そういう発掘の過程で、多くは土器の上に、文字らしきものが発見されるようになったわけであります。仰《ぎょう》韶《しょう》期遺跡である陝西省の半坡《はんぱ》遺跡からも、非常に大量のものが出てきました。(3) しかし、これらの文字らしきものは、その一つずつが土器の上に見られるということで、これらが数箇まとめて一つのものに出てくるということではありませんでした。

また、山東省の新石器時代の文化として、前四千年紀を中心に大汶口《だいもんこう》文化が栄えますけれども、ここからも文字のようなものをもつ土器が発見されました。これは一例だけでなく、いくつかの土器に同じものがみられております。(4) これについて、中国の研究者が同じ見方をしているというわけではありませんが、例えば、古文字学者として大きな業績のある于省吾《うせいご》氏は、一番上の丸い部分が太陽、その真中の部分が雲、下の部分を五つの峰を持った山だとし、山と山から生じた雲気、そしてその上に輝く太陽を表しているものであり、これらをまとめて、後の「旦」という字になるということを述べております。(5) 中国の学者は概して、こうしたものを漢字にして読んでしまわないと気がすまない、といったような傾向があります。

新発見の資料としては、これ以外にも各地からいろいろなものが出ております。最近、中山大学の曾憲通《そうけんつう》教授が書かれた文章によりますと、一九三〇年代以降今日までに、三十か所以上の場所から、数にして八百六十個の文字様のものが発見されている、という数字を示しています。

そして、こういった文字らしきものについて、学界にはいくつかのちがった意見が存在しており、それを大まかに三つに分けると、①陶工がイタズラで書いたもので意味はないとする立場、②文字であって、甲骨・金文にあてはめて読めばいいのだという、さきの于省吾氏に代表されるような立場、さらにその中間的意見として、③文字と密接な関係をもつ文字性をもった符号だと見る立場、ということになるとしています。そして、③の立場をとる研究者が最も多いようだ、ともしています。(6)

ただ、私が考えますには、文字性をもった符号といういい方が果たして成り立つのか、そんなどっちつかずの存在を考えうるのか、そのことをこれから少々問題にしてみたいと思います。

## 記号と文字

まず、記号と文字は、きちんと区別しなくてはならないというのが、私の考えでございます。というのは、文字というものを定義づけるとしたら、人間の言葉を写す機能を持っているものでなくてはならない。例えば、猫の絵がかいてあれば、これは猫だということは分かります。どの国の人、どういう言語を話す人かの別なく、つまり言語を媒介することなく、猫であることが理解できます。この段階では、これは絵ないしそれを抽象化した記号であります。しかし、その猫について、「猫が魚をとった」などという文章が書けて初めて文字といえると考えるべきなので、つまり記号と文字とは、厳密に区別してかからなければならないと思います。ということになりますと、先に述べた文字様のものは甲骨文のように言葉を書く道具として成り立っているとは、思えないのであります。

つまり、これらは、記号なのであって、文字ではない、とはっきり認識しておくべきだと、私は考えます。文字性をもった符号、といった曖昧ないい方では、かえって混乱が増すのみである、と私は考えております。

そして、記号から文字（この場合、ことに漢字）が出来たという説にも、問題があると考えます。漢字は、形・音・義という三つの要素から成り立つものでありますけれども、言葉は、そのうちの形を持たず、音、義を持っているものであります。これに対して記号は、形と義を持っているが、音はない。このことからすれば、漢字は、言葉が形を獲得することによって形成されるのであって、記号が言語を獲得することによって成り立つとは考えがたいのではないか、と思います。

ずいぶん前のことですが、文字学者として著名な唐蘭《とうらん》氏は、甲骨文というものは、研究すればするほどこれが非常に発達した文字であることがわかる、とした上で、甲骨文がここまで発達するためには、おそらく一万年くらいの歴史があったのではないか、といったことを述べたことがあります(7)。

とにかく、甲骨文という、当時の漢語を写すに十分な機能をもった文字が紀元前十四世紀ごろに出現するが、戦後五十年、考古学がこれほど発達したにも拘《かか》わらず、これに先行する文字と認定しうるものがちっとも出てこない。記号らしいものは出てくるが、文字と確認できるものがさっぱり出てこない。これが漢字の起源問題を考える上での大きな疑問だったのであります。

## 丁公陶片の出現

ところが、はや四年ほど前のことになりますが、これが甲骨文以前の文字ではないだろうかというものが、ついに発見されました。

それが山東省の鄒平《すうへい》県丁公《ていこう》村というところで発見された一片の新資料であります。

そこでまず、山東省での龍山《りゅうざん》文化の発掘の状況を少しお話ししておかなくてはなりません。これからお話しするようなことが山東省において分かってきたのは、ほんの数年前からのことであります。先ほどもちょっと触れました三〇年代に行われた城子崖の発掘で、これが龍山文化期の城跡であろうとされましたが、戦後、実はあれは調査の仕方が悪かったのであり疑問だとされ、あえて無視され続けて参りました。しかしここ数年間のうちに、これの再調査が行われて、やはり龍山期の城跡であることは間違いないと確認されましたが、それに留まらず、周囲に大規模な新石器時代の城跡が多数発見されるに至りました。ごく最近発表された張学海《ちょうがくかい》氏の論文によりますと、一九八五年以降これまでに、何と十四座もの大規模な龍山文化期の城壁が発見されたとしています。これらは、その規模から一級（数十万平方メートル、六座）と二級（数万平方メートル、七座プラス？）

に分けられ、さらにその周辺に小さなムラの遺跡が多数発見されている、とされています。(8) 余談になりますが、三十年も前に、私は、甲骨文の分析から殷《いん》代の国家構造を、大邑《ゆう》―族邑―属邑の累層的関係を基本とする、という考えを提出しましたが、まさにこれとそっくりのものが、龍山期の山東半島で考古学的に確認されるようになるとは、夢にも思いませんでした。(9)

ところで、その一級城跡のひとつである鄒平県丁公村というところで発見された二十余万平方メートルの城跡から、のちに「丁公陶片」と呼ばれることになる陶器のカケラ（図1）が出てきました。今も山東大学の考古系の学者たちが発掘調査を続けておいでのようですが、問題の陶器のカケラは、発掘された時その現場ではそこに刻文があるということが分からず、それをひとまとめにして持ち帰り、数カ月後に山東大学で土器洗いをしていて見つけたということであります。(10)

そういう発見の経緯と、それがあまりにも突飛な、不思議なものであったことから、ニセモノではないか、後世の人が作ったんじゃないかという見方も出たわけでありますが(11)、私は、これはどう考え

図1　丁公陶片刻文摹本　略原寸大（松丸摹）

てもニセモノであるはずはないと思っております。なぜかということは、のちほど、ちょっと触れたいと思いますが、とにかくこの発見が、四年前のことでございます。

もちろん、すぐ日本にも報道されて大きな騒ぎになり、私自身も雑誌記者から意見を求められました。そして、これは大いに反省しているのですけれども、十分考える余裕もなく、「あるいは、甲骨文の古い親類筋にあたる文字かもしれない」というようなことを申しましたら、『アエラ』という週刊誌に大きく採り上げられてしまいました。(12) それで、半年くらい後に別のところで、「これはどうも甲骨文、つまり漢字とは関係ないものじゃなかろうか」というようなことを書いて修正したわけなのですが、(13) とにかくこういうものが発見されました。

この陶片は、幅でわずか七センチくらいの土器片でありまして、左下部分はおそらく欠けてしまったのではないかと思われるのですが、かなり扁平な土器のカケラであります。そして重要なことは、わざわざ書くためにこういうタブレットにし、その上に書いた、つまり土器を作った際に書き込まれたものではなくて、壊れた土器を書写材料としてきちんと整え、その上に書いたと考えられるところが、これまでに発見されていた資料と大きく違う点であります。

そして、どうもおそらくここには、文章が書かれているのではないかということで、中国でも学者たちが非常に注目するところとなり、大勢の人がさまざまな発言を繰り返し、また著名な研究者が二十名ほど集まって、討論会も催されるなど、活潑《かっぱつ》な議論がなされたのであります。(14)

## 馮時氏の新見解と彝族・彝語・彝文の概略

しかし、その後、発表してからちょうど丸一年たったころでありますけれども、中国社会科学院考古研究所の助理研究員で甲骨文を研究している馮時《ふうじ》さんが、「山東丁公龍山時代文字解読」という論文を発表されました。(15) この論文は、それまでの研究者とは全く違った観点に立ったものでありまして、これは漢字ではなくて、彝族《いぞく》の文字であるというのであります。私はその論文を馮時さんから送ってもらい、一読して、本当に喫驚いたしました。

実は、私はその時まで、彝族という名前ぐらいは知っていたにしましても、その実体がどういうものであるのかなど、全く知りませんでしたので、馮氏の論文を読んだだけでは、とても私としては評価するどころではありませんでした。それで、しかたなしに、彝族関係の本を集めて、できるところから本当のにわか勉強を始めたわけであります。日本にも彝語の研究者がいらっしゃいますが、ここはやはり自分なりに勉強してみるしかないと考えて、入手した書物を読みはじめてみますと、これがなかなか大変なことで、そう簡単なものではないということも分かってきました。それで、本日のところは、馮時さんが何をいおうとしているのか、それをどう問題にしたらいいのか、ということを、私の理解しえた限りでお話しさせていただきたいと思うのであります。

それでまず、彝族とか彝文ということについてのごく概略をご説明いたします。ただ、少数民族についての研究というものは、中国においても研究者それぞれのいうところがかなりまちまちであるようでして、私としては判断に苦しむところが多々ございます。

まず、彝族というのは大変古い民族のようであります。現在は雲南省と四川省南部を中心に、貴州省や広西自治区の西部など、かなり広範囲に居住している少数民族の一つであります。今日、我々がふつう中国人として認識しているのは、人口比で九四%を占める漢民族でありまして、少数民族は残りの六%ということになりますが、五十六ほどの民族が存在し、それが中国全土の五〇~六〇%の国土に居住しています。彝族は、チワン族、回族、ウイグル族に続く四番目に人口の多い民族で、二〇年前の統計では三三六万人、一九八二年の数字では五二四万人、九〇年には六五〇万人と伝えられています。

漢代のころから、雲南省を中心に居住していたようですが、なかなか漢化せず、唐代に南詔国を建てたのもこの彝族であるといわれ、古い社会体制を守りながら、著しく独立的な性格を持って、がんばっているようです。昔から非常に強固な奴隷制を維持し、漢人をつかまえていって奴隷化する、といったようなことまでしたそうであります。

強力な武士団が支配層を構成していて、歴代の中国王朝も討伐しようとしたがなかなか手強くて果たせず、清朝も何度も討伐を試みましたが、そのたびに撃退されるという状況だったようであります。そしてある時期、とくに強い一群、黒彝と呼ばれる彝族が雲南省の北部から北上して四川省南部の大涼山《だいりょうざん》一帯に移住し、自治区を築いて、今も古い社会体制のもとで生活をしている、ということであります。

余談ですが、毛沢東が大長征をして延安に落ち着いた際、途中四川省の彝族の居住地を通らなければならなかったが、山道を抜けようとすると、この彝族が高い山の上から突然現われては、〝奇声を発しながら熊ン蜂のように〟襲いかかってくる。そこで中国共産党の参謀長・劉伯承《りゅうはくしょう》が彝族の酋長と、彝族の風習に従って鶏の生血を飲み合って義兄弟の約を交わし、協定を結んで無事に通らせてもらった、といった話が、スメドレーの『偉大なる道』に出て参ります(16)。紅軍といえども、そうしないわけにはいかなかったのであります。

そしてこの彝族が独自の言語、独自の文字を持っておりまして、言語的に申しますと、彝語はシナ・チベット語族のなかのチベット・ビルマ語派に属すとされますが、先ほども申しましたように、かなり広範なところに分布していて、非常に多様な方言があり、複雑な状況を呈しているようであります。

このように、一概に彝語といってもずいぶんバラエティーがあることは、この陶片の文字の問題を考える上では、無視できない点になってくるように思います。当の論文では、馮時さんが古彝文で解けるんだというけれども、そもそも彝語、彝文というものをどういう風に把握するかということ自体にも大きな問題があるということを、まず指摘しなくてはならないのであります。

彝語を書き表すための独自の文字、これは表意文字を起源とする音節文字であります。かつて西欧の学者によって、表音文字ではないかという見方も行われていたようですが、この見方は今日では、顧みられなくなったようです。

注意しておかなくてはならない点は、この古い彝文はいろいろあって、彝族の間でも互いによく分からないといったこともあるらしいことや、その文字は巫師《ふし》、つまりシャーマンのような人が伝えてきたもので、一般の人が使えるようなものとはちょっと性格がちがうものだということ、そしていつからとは確認できないのですが、今日では使われなくなってしまっているということであります。そして解放後、共通文字として「規範彝文」が制定され、今日では規範彝文にもとづいた辞書の類も作られて出版されており、規範彝文による週刊新聞なども出ているというのが現況のようであります。[17]

彝文というものは、いったいどれくらいまで遡ることができるのかということは、いろいろなことをいう人がいてよく分からないのでありますが、一九七八年に貴州省北部の大方県というところで発見された「妥阿哲紀功碑」(図2) があります。この中に、漢語に翻訳すると「建興丙午」となる紀年が出て参ります。建興は、三国時代の蜀漢の年号で、丙午はその四年、西暦二二六年に相当します。[18] これが彝文で書かれた最古の紀年をもった資料だと或る人はいうんですが、研究者の中には、後世作ったものじゃないかという人もいて、はっきりしたことは分かりません。

しかし、彝文によって書かれた金石文は相当量あるようでありまして、そうした彝文の金石文を

図2　彝文・妥阿哲紀功碑（A.D.226年？）

集めた本も発刊されており[19]、また彝語と漢語の対訳を付したものなど[20]、かなりのテキストが残されております。また、『後漢書』の「南蛮西南夷列伝」には「白狼歌」という詩が載せられておりますが、その歌がもとは彝文で書かれていて漢訳されたものだということは、広く認められているところであります。したがって、彝語・彝文というものは、今のところ、後漢ないし三国のころまでは史料的にさかのぼれるのではないかということはいえるようですが、それ以前ということになると、はっきりした史料がないようであります。しかし、漢文のことで考えてみましても、石刻文が出てくるのは戦国時代になってからで、そんなに古いことではありませんから、まあ当然とも思われるわけであります。

## 馮氏説の検討

で、馮時さんの論文の話に戻りますけれども、この「丁公陶片」の十一字を古彝文だと考えると、きれいに読めてしまう、というのであります。これはかなり長い論文で、一字一字についていろいろな角度から考証を加えていまして、十分に読み込むのもなかなか苦労する論文であります。しかも、それを音の問題なども絡めて論じているので、理解し難いところもあるのですが、馮氏がいわんとしているところを分かり易く表示してみますと、こういうことになるだろうと整理してみたのが、お手元に配布した一覧表（表1）であります。

当然、一字一字ご説明する必要があるのですが、時間がありませんので、表を見ていただくしかありませんが、ここにはいくつもの問題点がございます。

まず、「丁公陶片」について私が何種類かの写真を入手しまして、それを総合して作ってみた書き起こしと、馮時さんのそれとが微妙に違っているところがあります。違っているところが私の摹《も》したようだとすれば、二、三の比定が成り立たないということになりまして、そうすると読めなくなるわけであります。それで、表中に松丸摹本《ぼほん》と馮時摹本とを並記しておきました。そのうえで、馮時氏は、B欄のような文字がC欄のような彝文に当たるのだと考え、さらにその意味は漢語に訳すとこうなるとして示したのがE欄であります。

ところで、彝文というのは前述のように、音節を表すもので、ふつうに用いられる基本字は、おおよそ六百〜七百字くらいで間に合わせており、漢字とは比較にならないほど広範に「同音仮借」の方法で他義に置き換えて用いるという特性があります。したがって、E欄のままでは、文意は通じかねるので、F欄のような理由のもとに、G欄のように読み換えています。これは、したがって馮氏のいわば〝提案〟のようなものだ、と受け止めるべきだろう、と私は理解しております。

馮時さんはさらに、古彝文と丁公陶片の文は、文法の上からも合致すると指摘します。このことについて、彼は二つのことを指摘しております。

まず、彝語にみられる文法上の特性のひとつに、動詞の前に賓語がくる、ということがある。こういった例は、甲骨文の一部にも出てきます。金文になると出てこなくなるので、これは話し言葉と文章語とのちがいによるのではないかとも考えられます。とにかく、そういう現象がみられる。それからもう一つは、名詞と修飾語との関係で、修飾語が名詞のあとにくる、ということです。例えば、ベトナム語でもそういうことがみられます（〝ベトナム〟という語自体がそうであって、もと漢語の〝南越〟であったものが、土地の語法によって、〝越南＝ヴィェット・ナム〟になったのであります）。

そして、丁公陶文を表のG欄（つまりH欄）のように読めば、この二つの文法上の特性が、共に

| F<br>馮氏説明の要約 | G<br>読み換え<br>(漢字表記) | H<br>馮氏推定の文意 |
|---|---|---|
| 第9字の転位。 | 魅 | 魅（邪鬼）に占えり。<br>［占辞］ |
| 雉の別形  は、縄と同形・同音。縄とトは通仮。 | ト | |
| 字形同一。<br>第4、5字から判断して“阿”と見る。 | 阿 | 阿祖たる瀆に祈れり。 |
| 字形同一。猴の象形字。祖先の意をもつ。サルから生まれたという神話あり。 | 祖 | |
| 字形同一。ただし、転位している。 は、人・瀆（彝祖の名）に通用。 | 瀆 | |
| せがむ・請求する、の意。引申義・祈。 | 祈 | |
| 字形同一。90°の転位あり。 | 告 | 告［祭］せり。 |
| 字形同一。兵・不と吉は、同音通仮。 | 吉 | 長（＝弘）吉にして、<br>［繇辞］ |
| 字形同一。ただし、“偏転”あり。<br>「吉」を修飾する。 | 長 | |
| 字形同一。百に通ずる。衆の意味に用いられる。 | 百 | たくさんの鶏の足に、<br>…［下欠］ |
| 字形同一。鶏の爪つきのアシ（？）。 | | |

| | A<br>松丸摹本 | B<br>馮氏摹本 | C<br>馮氏比定<br>古彝文 | D<br>馮氏比定<br>字音 | E<br>意味<br>(漢語) |
|---|---|---|---|---|---|
| 1 |  |  |  | ʂe˧ | 魅 |
| 2 |  |  |  | tɕe˥ ʂɯ˨˩ | 雉 |
| 3 |  |  |  | ɣa˧ (a˧)<br>ɣɯ˨˩ ɣu˧˨ | 后 |
| 4 |  |  |  | pˤɤ˥ | 祖 |
| 5 |  |  |  | ɖɤ˨˩<br>ɖu˨˩ | 人 |
| 6 |  |  |  | tu˧ | 乞 |
| 7 |  |  |  | gɯ˥ | 告 |
| 8 |  |  |  | ma˧˩ ma˩˧ | 兵・不 |
| 9 |  |  |  | ʂe˧ ɕe˧ | 長 |
| 10 |  |  |  | ʔhũ˩<br>ho˧ | 養 |
| 11 |  |  |  | đa˩˧ đa˧ | 鶏拐爪 |

表1　丁公陶文についての馮時説の要約（松丸作製）

見てとれるのではないか。つまり、「魅」「阿祖濆」は賓語であり、「卜」「祈」は動詞であって、いずれも賓語のあとに動詞がきている。「吉」は名詞で、「長」はその修飾語であって、この場合も、名詞のあとに修飾語がある、というわけであります。

また、内容面で、鶏の骨による占いというのは、紅軍の大長征の話で鶏の血のことを申しましたが、彝族は鶏を非常に重んじ、これは神の鳥であるということで、その骨によって占いをするということもずっと続いていたようでありますから、丁公陶文が鶏の骨による占いについて言及しているのは、古彝文である証拠だ、というのであります。それから、彝族の祖先神の固有名詞が出てくる、といったようなことも一証として挙げられるとしております。

## 彝・夷・尸について

ところで、山東半島では、紀元前四千年紀を中心に大汶口文化、さらにこれを継承すると思われる山東龍山文化（典型龍山文化）が栄え、前二千二百年前後に急速にこれが消滅すると、そのあとに岳石文化が形成されます。その後、中原に殷・周文化が出現し、この時期に漢字がはじめて出現して、その漢字文献のなかで、山東に住む人々が、はじめて「夷」と呼ばれて出てくることになります。

甲骨文中には「」（尸・人）と書かれ、殷としばしば武力衝突をくりかえし[21]、また周代に

入りましても金文の中に東夷とか南夷、淮夷、南淮夷、また夷伯、夷方といったことばがあって、そうした集団と武力衝突をくりかえしていたことがうかがわれます。[22] 馮氏の説が正しければ、こうした大汶口以来の発達した東夷の文化とは、すなわち今日の彝族の祖先が築いた文化だったということになってしまうわけであります。

古典の中でも、「尸」と「夷」という字が通用しているようですけれども、「夷」と「彝」も通じて用いられる文字であります。つまり、今日の彝族は、この文字が充《あ》てられるのが普通ですが、古くは「夷」の字が充てられていたということなのでありまして、そうであれば、今の彝族の祖先が「東夷」だったというのは、不思議でもなんでもないことかもしれません。

例えば、清朝雍正帝の諭がありまして、その中で、「最近、わが朝におもねるために夷族の夷という文字を避け、彝が使われるようだが、これは甚だ心得違いである。夷と書かなくてはならない」といったようなことをいっております。[23] といいましても、「彝」字の使用が清朝から始まったことかといいますと、どうもそうではないようです。

「彝」という字は、金文では「」のように書きますが、これは鶏を羽交い締めにして、これを両手で高く捧げている形象で、左の方にあるのはその際に飛び散った羽根であろうと思います。[24] これは祭りで鶏を捧げる時の情景であろうと私は解釈しているのでありまして、これは『説文』のそれとはちがっていますけれども、『説文』の解釈が間違っているものと考えております。[25]

このように見ると、尸・夷・彝の三字は、かなり古くから通用されてきた文字でありまして、決して清朝あたりからゴチャまぜになってきたというようなことではないように思われるのであります。つまり、いまの彝族には、昔から「夷族」という字が充てられていたということであります。

そういうことになってきますと、これは容易ならざる問題でして、山東省に栄えた新石器文化が、現在の彝族の先祖によって作られたということになってまいりますと、ではいつ、どうやって今日の雲南や四川の方面にまで民族大移動を起こしたのかということが、当然問題になってこなくてはなりません。その辺のことについて、中国社会科学院の民族研究所の現在のところの見解では、彝族の起源について古くは、というのは漢代あたりのことをいっているようですけれども、甘粛・陝西に住んでいたところの古羌人《こきょうじん》が徐々に南下し、土着民と融合して彝族が形成されたのであろう、としております。(26) そうだとすると、新石器時代には山東にいた夷族が、漢代あたりには甘粛・陝西に移動しており、さらにのち南下して、四川・雲南方面に移動した、と考えたらよいのか、あるいは本来、甘粛方面より出た古羌人の一部が山東方面に行き、一部は南下して四川・雲南方面に移動した、といった可能性は考えうるのか、いろいろに考えてみなくてはなりません。しかし、馮時氏の論文では、東夷文化は彝族文化だ、ということは主張していますが、民族移動の問題については言及しておりません。

そして、大変不思議なことに、はじめにもご紹介したように「丁公陶片」が発見されて一年間は中国でも多くの学者が夢中になっていろいろなことをいっていました。ところが、馮時論文が出たとたんにパタッと議論がとまってしまいました。それ以降、すでに三年間が経過したのに、これについては、「やはり、あれはニセモノではないのか」という文章を書いた一人を除いて、[27] 私の知る範囲では、なにかをいった人はいないのではないかと思います。少なくとも、馮時論文をとりあげて直接論評の対象とした文章が発表された、ということはないようです。

ところで問題はやはり、これが果たして彝文なのかどうかということであります。ですから、馮時さんの論文を批判する際にも、①これが本当に彝文なのかどうか、ということと、②その内容は馮時氏のいっているような内容なのかどうか、ということを分けて考えることが必要で、彝文かどうかについては、あるいはそういう可能性もあるかも知れないというのが、今のところの私の印象であります。

ただ、この「丁公陶片」が、馮時さんのいっているような文意だということに関しては、さきほども触れましたように、通仮だとして読み換える文字があまりに多く、それが敢えていえば恣意的にも思え、私としては彝語・彝文については知識がないに等しいけれども、いささか抵抗を覚えるというのが正直なところであります。

しかし、何よりも、この陶片の文字をこのように解読してよいものかどうかについて、問題となるのは、与えられた資料が、僅々一小片上に見える十一字のみという点にあります。一般的にいって、これまで未知であった古文字が解読されるための条件、ないし解読されたと確認されるための条件の一つは、ある程度まで量的に纏《まと》まりのある資料であることです(28)。その意味では、この一小片だけでは、解読のための条件が整っているとはとうてい言い難いのです。

ところで、先に述べましたように、この一小片は、近年発見されるに至った龍山期の大城壁の内部のごく一部を発掘したとたんに発見されたものでした。これまで中国の考古学界における一般的な理解としては、龍山文化期は依然文明の段階に到達しておらず、従って、原始社会の末期に相当すると考えられてきました(29)。

極めて一般的な議論になりますが、一定の文明の段階に到達した社会は、一定の統治組織をもち、城壁によって取り囲まれた都市国家を形成し、この段階において統治との関わりにおいて文字が発明され使用されるもの、と理解されています。このような観点からすれば、山東龍山文化は、少なくともその後期において既に原始社会とは言い難く、ようやく国家段階に到達し、文字もある程度まで自由に用いられていた、ということが想定されなければなりません。今回発見された丁公陶片の文字そのものが与える暢《の》びやかな刻線は、些《いささ》かでも書というものに関心を持ってこれを観察する習慣のある人であれば、これが文字を扱いなれ、熟達した人間によって刻されたものであることを、たちどころに了解するに違いありません。そして、このことは、単にこの時代、偶々《たまたま》この一片のみが、この時期・この地域において作られたなどというものでは到底なく、既に一定の集団によって自由にそしてかなり長期間に亙《わた》って文字として使用されていたと想定しないわけにはまいりません。

あるいはそれについては、このような疑問を述べる人がいるかも知れません。従来、山東龍山文化の遺跡は、極めてたくさん発掘され、多くの遺跡が発見されてきたではないか。しかし、そこには、文字らしきものは全く見いだされなかったではないか、と。

しかし、古代社会における、文字の使用ということを考えれば、それもまた当然であると言わざるを得ません。試みに殷代のことを考えてみれば、それは直ちに了解しうることでありましょう。ご存知のように、今日甲骨文字は極めて大量に発見されておりますけれども、そのほとんど全てが殷代後期の都跡と考えられている殷墟という一カ処からの出土品であります。例外は、殷代中期の鄭州《ていしゅう》遺跡からのわずか二片(30)と、周原からの殷末周初のいわゆる西周甲骨群(31)、および西周初期・燕の都城址と考えられる琉璃河《るりが》遺跡からの一片(32)のみでしょう。これらはいずれも王城ないし諸侯の城址であります。文字は、こういった地域に居住した支配層の間でのみ用いられていたのであり、それ以外の地域において一般民衆に用いられるということは有り得ないことでした。殷代の卜骨《ぼくこつ》は他の地域からも広汎に発見されておりますけれども、そこには卜兆《ぼくちょう》のみがあって、文字は全く見られないのであります。

そうであってみれば、山東龍山期においてもその事情は全く変わらなかったと考えるべきでありましょう。従来発掘された龍山文化遺跡のほとんどは、王城外のものでありました。このような地域をいくら掘ってみても文字が発見されないのは当然のことであり、この時期、文字が存在していなかったという証拠にはなり得ないのであります。ひとたび王城が発見され、その百分の一程度の面積が発掘された途端に、この帯字陶片にゆき当たったのでした。殷墟の発掘を想起してみるならば、例えば、YH一二七坑とよばれる直径一・八メートル、深さ約六メートルの巨大な竪穴のうちに一万七千余片の甲骨片がきちんと埋蔵されておりました(33)。保存を目的としたものであったに相違ありません。

このことから考えれば、いくつも発見されている龍山城の内部の全面的発掘が進む過程で、こういった文書を貯蔵する地下図書館のごとき巨大な窖蔵《こうぞう》に巡り会わないものとも限りません。夢のような話だと思われるかもしれませんけれども、私は満更そのような事態が起こることも全く夢ではないような気がいたします(34)。丁公陶文が果たして、古彝文を以て真に解読し得るものか否かは、新たな発見によって資料数を増すまで俟《ま》たねばならぬ問題なのでありましょう。

## 龍虬陶片と良渚文化における陶文

「丁公陶片」の発見が報道されたのは、前述のように一九九三年の初頭でありまして、このニュースはいちはやく広範に伝えられ、中国考古学界、古代史学界に大きな波紋を与えましたが、これがひとつの刺戟《しげき》となって、その直後の九三年春、もうひとつ刻文陶片が、今度は江蘇省高郵市の龍《りゅう》虬荘《きゅうそう》というところで発見されました（図３）。

ただし、これはすぐには発表、報道されませんで、ごく簡単に『中国文物報』に紹介されたもの[35]の、あまり人の注意するところとならず、昨年春、突然神奈川県の相模原市立博物館で催された「江南の至宝」展に出陳されました。[36]これに驚いて、私は朝日新聞に紹介記事を書きましたので、ご覧になった方もいらっしゃるかもしれません。[37]詳細はこれにゆずりますが、これも土器を書写用に整形して用いているという点で、「丁公陶片」と共通しております。

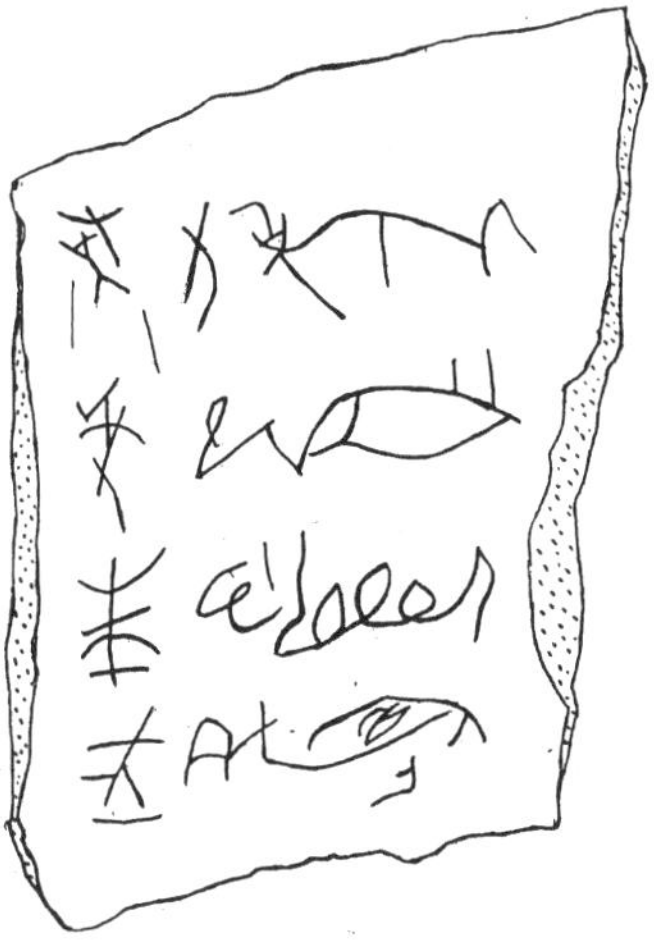

図３　龍虬陶片刻文摹本（松丸摹）

この陶片には、右に、四足獣、魚と釣糸、蛇、水鳥かと思われる四つの絵（？）を描き、その左にこれに対応させる形で、四つの文字らしきものが刻まれております。文字の意味を絵解きした、備忘用タブレットと解釈できるのかもしれません。もっともそうであれば、これは文章を記したものではない、ということになります。「丁公陶文」は曲線が多用され、非常に熟達した人の記したものという印象が強いのですが、こちらは直線的で、そう熟達した人の刻跡とはいえないように思います。

発見者の張敏氏（南京博物院）によれば、「丁公陶片」とほぼ同年代か、やや遅れるころ、河南龍山文化の末期か、夏代の始めころのものだろう、とのことでした。「丁公陶文」と同じ文字系統のものかどうかが、もっとも気になるところですが、これについては今のところ、何ともいえません。

「丁公陶文」や「龍虬陶文」が相次いで発見されて、新石器時代後期の文字ということが大きくクローズアップされてくると、実はこれまでに発見されていながらも、それほどには注目されていなかったものについて、改めて認識を新たにしなくてはなるまい、という気運になり、その中で特に気になりだしたのが、良渚文化のうちで発見されていた土器上の刻文でした。

良渚文化というのは、揚子江下流域で、江蘇省南部から浙江省北部に分布する新石器時代後期の文化で、ことにその精緻な玉器と黒陶とによって特徴づけられる、山東龍山文化と並んでこの時期の中国大陸全土でもっとも発達した文化でありました。

このなかには、はやくも一九三〇年代より文字様のものがあることが知られていましたけれども、人はあまり大きく問題としませんでした[38]。細かいものを集めてみれば、おそらく十点以上を指摘できると思われますが、なかでも近年、改めて注目されたのが、七四年に江蘇省呉県澄湖の古井戸から発掘され、八五年に報告されていた黒陶貫耳壺の腹部の刻文です[39]（図4）。

図4　黒陶貫耳壺（呉県澄湖遺址古井出土）
刻文摹本（松丸摹）

図5　黒陶貫耳壺刻文（李学勤氏摹）

これは、前二者のような書写用タブレットに刻されたものとは異なり、完形器に刻されていますから、自ら性格の異なったものでしょう。これも文章を記したとは考えにくいものですが、四字（あるいは一番左は文様で、右三字のみが文字かもしれませんが）が横列していて、稚拙な刻線ながら、文字らしく見えます。また、古くからハーバード大学に収蔵されていて、近年李学勤《りがくきん》氏によって紹介された良渚式黒陶貫耳壺の圏足内壁にある刻文（五字？　図5）もこれと類似の性格のもののように思えます[40]。

これらは、前二者とはかなり趣が異なっていて、見方によっては、これが甲骨文字にももっとも近似しているような気がいたします。

これに限らず、良渚文化のなかには、(夏)

殷周文化との類似性を指摘できるところがたいへん多く、例えば北京大学の厳文明教授は、

良渚文化の多くの要素、例えば玉器の琮璧《そうへき》、武器の鉞《えつ》、漆器、絹織物、土器にみる鼎・豆・壺の組み合わせならびに饕餮《とうてつ》・雷文など紋様のモチーフ等々、すべて商周文化に継承され、発展した。

とまでいっています[41]。

**山東龍山・良渚両文化の衰退と殷周文化の勃興**

さて、おおよそ前三千年紀の末ごろまで、両大河の下流域で極度に発達を遂げた両文化でしたが、これが前二三〇〇年から二二〇〇年ころに、共に突然衰退いたします。そして、山東龍山文化層の上層には岳石文化、良渚文化層の上層には馬橋文化とよばれる新しい文化層が見られるようになりますが、そのいずれもが、継承的なものではなく、その文化水準も、前のそれに及ぶものでないことは明らかであります。

これはかなり特異な現象だとしなくてはならず、この原因については、中国考古学界でも種々論議の対象とされておりますが、私としてもっとも注目すべきだと考えているのは、中国歴史博物館館長の兪《ゆ》偉超《いちょう》先生に代表される説です。氏は、「龍山文化と良渚文化の突然の衰退と変化の原因について」という講演録のなかで、このような「異変」が生じた原因としては、大洪水以外には考え

難いとし、長期にわたった氾濫によって、両河下流域は壊滅的な被害を受け、人々は高いところに避難するか、他所に逃亡するしかなかっただろう、と推測しています。それに反し、このときまではこれらの地域に文化程度において及ばなかった黄河中流域は、その後順調に発展をとげて、二里頭文化が出現するに至ったのであろう、というのが、兪氏の主張の骨子であります(42)。

兪氏は、この二里頭文化がすなわち夏文化だと考えております。日本では、殷の場合と異なり、夏という伝説上の王朝については、これが実際に存在したか否かについて未《いま》だ懐疑的な人が少なくなく、私もまた、いまのところは慎重に考えた方がよいと思っておりますが、それはともかく、この時期に至って、この黄河中流域が中国全土の中心として勃興してくるのは事実でありまして、これがすなわち、漢民族（ないし原漢民族とでも呼ぶべきもの）の形成と結びつくように考えられるのであります。

## おわりに

以上の推論を仮説としてとりまとめて申しますと、概略、次のようになります。

黄河下流域の山東龍山文化を産み出したのは、非漢民族であり、彼らは彼らの言語を表記するための文字も、すでに持っていた。一方、揚子江下流域の良渚文化を荷《にな》った民族もまた、文字らしきものを持っていた。この中間の淮《わい》河《が》下流域にも、別系の文字を持った文化が存在していたかもしれない。しかし、これらの文化は、前二三〇〇〜二二〇〇年の段階で急速に衰退した。そして、前一八〇〇年くらいから、こんどは黄河中流域に新たに漢民族が登場してくる。彼らは、山東龍山文化、良渚文化をかなり吸収、継承していると考えられる。しからば、その際、そこで用いられていた文字についての知識もまた、彼らに伝えられたはずである。従って、彼らは多くの点で先行する両文化に学んだが、同時に文字そのもの、ないし文字というものについての概念についても、学んだのではなかったか。われわれはこれまで、中国において漢民族が最初に文字を創造したと考え、そのために甲骨文字に至る長い道程を予想し、そのような遺物が発見されることを期待し続けてきたけれども、実はそうではなく、漢民族に先行する新石器時代文化のうちで形成された文字文化の刺戟によって、漢民族は自らの言語を表現するための文字を、後発の文字として比較的短時間のうちに創造しえたのではないか。このことは、例えば日本に輸入された漢字をもとに仮名文字が創案されたのと似たような関係だったのではないか。また、そのように予想することによって、極めて発達した甲骨文字に先行する、よりプリミティブな漢字をなかなか発見できずにいることを、ある程度説明できるのではないか。

　たいへん大胆な仮説というべきかもしれませんし、今後、新しいものの発見によって、こういった予想をどのように変更しなくてはならないか、もとより予断はゆるされませんが、今このように推測してみたらどうかというのが、本日の私の講演の骨子であります。

そして実はこの問題は、ひとり漢字の起源問題というに止まらず、中国古代史全般にとって、大きな拡がりと影響をもつ問題であります。殊に、新石器文化が、民族問題と関わって論じられるようになった初めてのことであろうと思います。馮時論文は、そういった大きな問題を、われわれに突きつけているように思います。

彝語、彝文という、私には手出ししにくい分野のことに言及いたしましたのも、事柄の重要性から、諸方面の研究者の共通の関心事としていただきたいと念願したからでありまして、東方学者会議という多分野の研究者の集会であればこそ、このようなテーマで話をさせていただいた次第です。問題の重要性の指摘だけで終わったような話でありますけれども、これをもって、本日の講演を終わらせていただきます。

〈付記〉

本稿は、一九九七年五月三十日、東京・虎ノ門の国立教育会館で開かれた東方学会主催の第四十二回国際東方学者会議において行なった講演の速記に加筆修正を加えたものである。

注

(1)『城子崖――山東歴城県龍山鎮之黒陶文化遺址――』中国考古報告集之一、国立中央研究院歴史語言研究所、一九三四年。

(2) 何天行編『杭県良渚鎮之石器与黒陶』呉越史地研究会叢書之一、一九三七年。
(3) 中国科学院考古研究所・陝西省西安半坡博物館編『西安半坡』考古学専刊丁種十四号、一九六三年。
(4) 山東省文物管理処・済南市博物館編『大汶口——新石器時代墓葬発掘報告——』文物出版社、一九七四年。
(5) 于省吾「関于古文字研究的若干問題」『文物』一九七三年第二期、三二頁。
(6) 曾憲通「近五十年来古文字学新発現的学問」日本漢字教育振興協會編『第三回国際漢字会議』予稿集補遺、一九九六年。
(7) 唐蘭『古文字学導論』一九三五年、上冊二十八葉。
(8) 張学海「試論山東地区的龍山文化城」『文物』一九九六年第十二期。
(9) 松丸道雄「殷周国家の構造」『岩波講座・世界歴史』第四巻、一九七〇年。
(10) 山東大学考古実習隊「鄒平丁公発現龍山文化文字」『中国文物報』一九九三年一月四日。山東大学歴史系考古専業「山東鄒平丁公遺址第四、五次発掘簡報」『考古』一九九三年第四期。
(11) 曹定雲「丁公遺址龍山陶文質疑」『光明日報』一九九三年六月二〇日。同「山東鄒平丁公遺址〝龍山陶文〟辨偽」『中原文物』一九九六年第二期。また、文字と見なすこと自体に疑問を呈するものとして、白川静「〝中国最古の文字〟説は疑問」『週刊・金曜日』一九九三年一一月五日、がある。
(12) 「中国四千年前の謎の〝文字〟」『アエラ』第六巻第八号、一九九三年二月二三日。「学界を二分する中国最古の文字」同第六巻第二一号、一九九三年五月二五日。
(13) 松丸道雄「新発見の〝中国最古の文字〟——山東省出土の〝刻字〟陶片——」上、『出版ダイジェスト』一九九三年九月三〇日。下、同一二月一一日。
(14) 王恩田、他「専家筆談丁公遺址出土陶文」『考古』一九九三年第四期。
(15) 馮時「山東丁公龍山時代文字解読」『考古』一九九四年第一期。
(16) A・スメドレー、阿部知二訳『偉大なる道——朱徳の生涯とその時代——』岩波書店、一九五五年、下冊、八八—九頁。
(17) 『漢彝詞典』四川民族出版社、一九八九年。

(18) 『彝文金石図録』四川民族出版社、第一輯、一九八九年、三頁。

(19) 前注、および同第二輯、一九九四年。

(20) 馬学良『増訂・爨文叢刻』四川民族出版社、上冊、一九八六年、中冊、一九八八年、下冊、一九八八年。

(21) 董作賓『殷暦譜』下編巻九、日譜三、帝辛日譜、一九四五年、など。

(22) 李白鳳『東夷雑考』齊魯書社、一九八一年。王献唐遺書『炎黄氏族文化考』齊魯書社、一九八五年。王迅『東夷文化与淮夷文化研究』北京大学出版社、一九九四年、など。

(23) 『大清実錄』雍正十一年、諭。

(24) 呉大澂『説文古籀補』七十七葉に引く楊沂孫説、および、徐中舒「説尊彝」『中央研究院歴史語言研究所集刊』第七本一分、一九三六年、はこの説を採っている。

(25) 『説文解字』十三上「彝」字には、「彝、宗廟の常器なり。糸に从ふ。糸は纂なり。廾は持つなり。米は器中の寶なり。彑聲。此れ、爵と相似たり。周禮《しゅらい》六彝……」とある。金文の字形が糸・米と無関係であることは、一見して明らかである。

(26) 『中国大百科全書』民族、「彝族」、一九八六年、五〇〇～二頁。

(27) 注(11)参照。

(28) 松丸道雄「古文字〝解読〟の方法——甲骨文字はなぜ読めたのか——」『しにか』一九九八年五月号。(本書『甲骨文の話』一〇七頁参照)

(29) 例えば、中国社会科学院考古研究所編『新中国的考古発現和研究』文物出版社、一九八四年、一〇三頁には、「この三十年来、典型龍山文化(＝山東龍山文化)遺跡中には〝城〟と関係ある遺跡は未発見であり、龍山文化が文明の段階に入ったと説明できる確実な材料もないため、依然、龍山文化は、原始社会の末期にあったと、一般に認識されている」と述べられているが、かかる見解はもはや完全に過去のものとなった、とすべきであろう。

(30) 河南省文化局文物工作隊『鄭州二里岡』中国田野考古報告集考古学専刊丁種第七号、一九五九年、三八頁。楊育彬『鄭州商城初探』河南人民出版社、一九八五年、八二頁、八七頁。

(31) 徐錫臺『周原甲骨文綜述』三秦出版社、一九八七年。

(32) 齊心「北京地区考古発現碩果累累」『中華文化画報』一九九七年第一期、七頁。

(33) 胡厚宣『殷墟発掘』学習生活出版社、一九五五年、九九～一〇一頁。

(34) 楊育彬氏は、鄭州商城について、「われわれは、遅かれ早かれ、きっと鄭州商城の〝檔案庫《とうあんこ》〟を発見できるに相違ない、と信じている」と、私が丁公城について予測していることと全く同様のことを述べている。注(30)楊書八二頁。同感である。但し殷代鄭州城址のほとんどが、現在、市街に覆われているのに反し、丁公城址はほぼ農地である、という。〝檔案庫〟がもし発見されるとすれば、それは、丁公城に可能性がより大きいであろう。

(35) 「高郵龍虬遺址発掘獲重大成果」『中国文物報』一九九三年九月五日。

(36) 相模原市・無錫市友好都市締結十周年記念『江南の至宝――南京博物院・無錫市博物館文物展』カタログ、相模原市立博物館、一九九六年。なお、当カタログ一八頁には、当片の大きさについて、「最大長三・二センチ、最大幅六・四センチ」としているが誤りで、ほぼ最大長四・七センチ、最大幅三・七センチである（松丸実測）。

(37) 松丸道雄「中国四〇〇〇年前の文字？」『朝日新聞』一九九六年三月一日夕刊。

(38) 注(2)参照。

(39) 南京博物院・呉県文管会「江蘇呉県澄湖古井群的発掘」『文物資料叢刊』九、一九八五年。『中華文物精華・一九九三』文物出版社、一九九三年。

(40) 李学勤「海外訪古続記・一」『文物天地』一九九二年第五期。

(41) 厳文明、後藤雅彦訳「良渚文化と中国文明の起源」『日中文化研究』第一一号、一九九六年。

(42) 兪偉超、稲畑耕一郎訳「龍山文化と良渚文化の突然の衰退と変化の原因について」『日本中国考古学会々報』第二号、一九九二年。

# XI 『甲骨文合集』の刊行とその後の研究

すでに、いささか述べたように、いわゆる殷墟の発掘によって、甲骨文の考古学的な確認がされ、甲骨の考古資料としての価値も確立した。

これは、北京の中央研究院歴史語言研究所が主体であったが、現地の河南省側も一時は参加して、一九二八年から三七年に至り、十五次にわたって、洹水《えんすい》南の小屯《しょうとん》村北ならびに洹北の侯家荘を中心に、その周辺のいくつかも含めて大規模な発掘が行われた（その後、日中戦争の激化により中断された）。その結果、小屯村北からは、「宮殿址」かと考えられた大型建築址や、洹水北岸の侯家荘・武官村から十四基の大墓が発掘され、この地が殷代後期（第十九代盤庚《ばんこう》ないし第二十二代武丁から第三十代末王帝辛（紂王《ちゅうおう》）に至る間の王都の所在地であることが確定した。

そして、それに与《あずか》って重要な意味をもったのが、小屯村北より、完整の（つまり破片になっていない）卜甲《ぼっこう》・卜骨《ぼっこつ》が大量に発掘されたことである。この甲骨版は、第二次大戦後の国共内戦のため、発掘主体であった中央研究院の台湾移転に伴って台北に運ばれたうえ、大部の拓本集として、

『小屯・殷虚文字甲編』董作賓、南京・商務印書館、一九四八年

『小屯・殷虚文字乙編』同、上輯 一九四八年／中輯 一九四九年／下輯 一九五三年

が刊行された。これは、詳細な出土記録をもつ甲骨の初めての資料集であって、それまでの甲骨資料集とは研究上の重要性を異にする。その後、『甲編』については、屈万里《くつばんり》によって『殷虚文字甲編考釋』（一九六一年）が、また『乙編』については、破砕した甲骨の綴合《てつごう》編として、張秉権《ちょうへいけん》『小

屯・殷虚文字丙編』（六冊、一九五七〜七二年）が台北・中央研究院歴史語言研究所より刊行され、共に『甲編』『乙編』利用にあたっては、併せ参照されねばならない。

一方、わが国に齎《もたら》された甲骨片については、私人の蒐蔵品を収めた、

『亀甲獣骨文字』林泰輔、一九二一年

『殷契遺珠』金祖同、一九三九年

のほか、収蔵機関の蔵品図録として、

『京都大学人文科学研究所蔵甲骨文字』貝塚茂樹、図版篇一九五九年／本文篇一九六〇年

『東洋文庫所蔵甲骨文字』東洋文庫古代史研究委員会、一九七九年

『東京大学東洋文化研究所蔵甲骨文字』図版篇、松丸道雄、一九八三年

『天理大学附属天理参考館　甲骨文字』（『ひとものこころ』第一期第五巻）伊藤道治、一九八七年

が刊行された。また公的機関・私人の零細な蒐集品を調査・記録したものとしては、松丸「日本散見甲骨文字蒐彙」㈠〜㈥（『甲骨学』第七〜十二号、一九五九〜一九八〇年）がある。

さて、十九世紀末に甲骨が発見され、一九〇三年に初めての資料集たる劉鶚《りゅうがく》『鉄雲蔵亀』が刊行されて以降、（右に述べた殷墟発掘による所得甲骨は別として）私掘によって世に出た甲骨は、多くの個人ないし機関の蒐蔵するところとなり、その多くが、蒐蔵者・所単位で、所謂〝甲骨著録〟と

して刊行されてきた。そのほとんどは拓本によるものであるが、一部に写真または摹本《ぼほん》（手書き）によるものもあり、他書には見られない新資料の出版物に限っても、その総数は、百に余るものであった。またそれらは様々な出版形態のものがあるとともに、出版部数の少ないものがほとんどで、専門の研究者にとっても、ある課題に則して、既刊の甲骨資料にひと通り眼を通して資料蒐集するのは、著しく困難な状況にあった。これらの資料集のほとんどを蒐《あつ》め収蔵している大学・研究機関も、著しく限られていた。

こういった状況は、中国においても大同小異であり、それを解消すべく、一九五六年、当時の中国科学院歴史研究所の胡厚宣《ここうせん》氏が中心となって着手、その後、様々な曲折を経て、大部の、

『甲骨文合集』十三冊、中国社会科学院歴史研究所、中華書局、一九七八～八三年

が刊行されるに至った。零細な小片は別として、主要な有字甲骨・約四万二千片を一挙に検索することが可能となったのである。これは、収録甲骨の全てを五期区分（前述）した上で、卜辞内容に即して分類のうえ、極力原刊本の拓本からの精緻な複印を試みたものであった。さらに、これについての、

『甲骨文合集釈文』四冊、胡厚宣主編、中国社会科学出版社、一九九九年

『甲骨文合集材料来源表』三冊、同、中国社会科学出版社、一九九九年

が刊行され、また、これに並行して、

『甲骨文合集補編』七冊、中国社会科学院歴史研究所編、語文出版社、一九九九年

が、正編以降の刊行物及び正編の補訂版として、約一万五千片を収録するとともに、当書収録の釈文・材料来源表をも併せ刊行された。

このような社会科学院歴史研究所が行った大規模な甲骨資料の蒐集・整理・刊行に際しては、研究資料として有益と考えられた、ある程度までの大きさの甲骨片を選択せざるを得なかったのは当然であるが、時として零片もまた重要な資料たりうることもあり、殊に後述するように、断片の綴合作業には決定的な意味をもってくることもある。そういった意味も含めて、かなり纏《まと》まった数の甲骨を収蔵する大学・博物館では、右のような体系的な資料集が刊行された後になって、自蔵の甲骨を、改めて善美を尽くした大部の資料集として、競って刊行するようになってきた。今のところ、

『北京大学珍蔵甲骨文字』二冊、李鍾淑［韓］・葛英会、北京大学中国考古学研究中心・北京大学考古文博学院編、上海古籍出版社、二〇〇八年
『上海博物館蔵甲骨文字』二冊、濮茅左、上海博物館編、上海辞書出版社、二〇〇九年
『中国社会科学院歴史研究所蔵甲骨集』三冊、宋鎮豪・趙鵬・馬季凡、中国社会科学院歴史研究所編、上海古籍出版社、二〇一一年
『旅順博物館所蔵甲骨』三冊、宋鎮豪・郭富純、上海古籍出版社、二〇一四年

『重慶三峡博物館蔵甲骨集』宋鎮豪・黎小龍、上海古籍出版社、二〇一六年（未見）

等が刊行されているが、なお続いて刊行される計画もあるように仄聞している。

上記の『甲骨文合集』とそれに引き続く一連の大著は、その対象が戦前における殷墟発掘による所得品ならびに、それに前後する正式の発掘には拠らない所得品を収録したものであったが、新中国になってからも、考古発掘による新たな所得品が大量に存した。戦前における考古発掘時の詳細な記録が入手できなかったところから、既発掘の場所を避けつつ、小規模な発掘が断続的に行われた中で、新たな発見が少なからず存し、またこれらのうちには、それまでに発見された甲骨とは性格を異にするものもあって、新たな注目を浴びることとなった。数次に亙《わた》る発見は、次の大部の三書に分けて刊行されている。

『小屯南地甲骨』五冊、中国社会科学院考古研究所編、中華書局、一九八〇／一九八三年

『殷墟花園荘東地甲骨』六冊、同、雲南人民出版社、二〇〇三年

『殷墟小屯村中村南甲骨』二冊、同、雲南人民出版社、二〇一二年

この三書の甲骨のうち、小屯南地と小屯村中・村南において発掘された甲骨は、その文字、刻法その他において、従来知られていた甲骨とさほど大差はないが、小屯遺跡の中心から東南に約一キロほど距《へだ》たった洹水西岸（花園荘東地）で、道路工事の際に偶然発見された甲骨は、様々な点でそれまでとは著しく異なったもので、専門研究者の大いに注目するところとなった。卜法、用字、文

体等、いずれもこれまで知られた甲骨には見られないところであるが、その卜辞の内容上、最も注目すべきは、その占卜者《せんぼくしゃ》がすべて王ではなく「子」であり、かつその占卜の対象が「丁」に限定されている点であった。本書の「殷人の観念世界」中で述べたところに大過ないならば、これまでの甲骨が、殷王朝の王室直属の占卜機関による所産であったのに対し、これは王朝を構成し、各々が十干の名を冠した十支族のうちの「丁族」による占いだったのであろうと、私は考えている。この点が確かであれば、今後、殷墟周辺からは、残りの九支族の作成による甲骨群の発見も夢ではないかもしれない。この特異な甲骨（この群では、亀版のみしか用いていない点も大きな特色である）を巡っては、当然、甲骨専家の著しく注目するところとなり、

『殷墟花園荘東地甲骨卜辞的初歩研究』姚萱、北京・線装書局、二〇〇六年

には、わずか三年後であったにも拘《かか》わらず、九十五篇の専門論文の目録が掲げられ、その後も続々とこれについての単行本、論文が刊行されつつある。今その後に刊行された単行書で、私の手元にあるもののみを掲出しておく。

『殷墟花園荘東地甲骨卜辞研究』魏慈徳、台北・台灣古籍出版、二〇〇六年
『殷墟花園荘東地甲骨校釈』朱岐祥、台中・東海大学中文系語言文字研究室、二〇〇六年
『殷墟花東H3卜辞主人「子」研究』韓江蘇、北京・線装書局、二〇〇七年
『殷墟花東H3甲骨刻辞所見人物研究』古育安、新北・花木蘭文化出版社、二〇一三年

『殷墟花園荘東地甲骨文例研究』孫亜冰、上海・上海古籍出版社、二〇一四年

等のほか、博士論文として提出されたものが著しく多く、この新資料が若手研究者にいかに注目されているかを物語っている。

一方、前述『甲骨文合集』以下一連の刊行によって、多くの研究者に可能となったのが、「甲骨綴合研究」である。地下から発見される甲骨は、殷墟の考古発掘によって得られた全形を留めた遺物以外は、ほとんど例外なく破砕され小片化している。数万片あるこれら甲骨を、部分的にではあれ、綴合した上で読むことが可能であれば、その内容把握は、飛躍的に増大する。かかる作業は、これ以前にも折々試みられたが、全体として言えば、極めて零細なものでしかなかった。この『合集』等には、時期区分されるとともに内容的にも分類されて似たものが集められており、元来一つであったもの同士を発見しやすい条件が整えられた、といえよう。その結果、甲骨綴合研究が俄《にわか》に盛んになり、多くの成果が、矢つぎ早に公表されるようになった。

『甲骨綴合新編』二帙十冊、厳一萍、台北・藝文印書館、一九七五年
『甲骨綴合新編補』一帙一冊、厳一萍、同、一九七七年
『甲骨綴合集』蔡哲茂、台北・楽学書局、一九九九年九月
『甲骨綴合集続』蔡哲茂、台北・文津出版社、二〇〇四年八月
『甲骨拼合集』黄天樹、北京・学苑出版社、二〇一〇年八月

『甲骨綴合彙編』図版篇、蔡哲茂、新北・花木蘭文化出版社、二〇一一年三月
『酔古集』林宏明、台北・萬巻楼、二〇一一年三月
『甲骨拼合続集』黄天樹、北京・学苑出版社、二〇一一年一二月
『甲骨拼合三集』黄天樹、北京・学苑出版社、二〇一三年四月
『甲骨綴合彙編』釈文与考釈、蔡哲茂、新北・花木蘭文化出版社、二〇一三年六月
『契合集』林宏明、台北・萬巻楼、二〇一三年九月

等が、すでに単行書として刊行された成果であるが、この他にも、学術誌やインターネット上に公表された綴合成果も少なからず存する。この傾向は今後とも継続するであろうが、最終的には、全甲骨片が、再整理を経たうえで、第二次『甲骨文合集』として刊行されねばなるまい。

これと併行して、甲骨研究の最も根幹となる分野に、改めて眼が向けられるようになった。董作賓氏以来の「甲骨文断代研究」に対する再吟味がそれである。断代研究の諸前提には、当初より様々な問題性が指摘されてきたところではあるが、中でも、所謂「貞人集団」が、時王の交代を契機として、同時に交代していることを前提としていたこと、また、貞人が自ら刻字したとの前提もまた成り立ちえないことへの疑問などが、未解決のままにされてきた。

そういった董氏以来の「断代研究」の方法ないし前提を根本から見直そうとする研究が、多くの若手研究者によって、精力的に行われるようになってきた。これもまた、「綴合研究」同様、前述

『合集』以下の著録集成によって後押しされてきた成果であることは、疑いない。

『殷墟王卜辞的分類与断代』黄天樹、台北・文津出版社、一九九一年一一月（同簡体字版、北京・科学出版社、二〇〇七年一〇月）

『殷墟卜辞断代研究』方述鑫、台北・文津出版社、一九九二年七月

『殷墟甲骨断代』彭裕商、北京・中国社会科学出版社、一九九四年五月

『殷墟甲骨分期研究』李学勤・彭裕商、上海・上海古籍出版社、一九九六年一二月

『甲骨文合集分組分類総表』楊郁彦、台北・藝文印書館、二〇〇五年一〇月

『賓組甲骨分類研究』崎川隆、上海・上海人民出版社、二〇一一年一二月

個々の研究成果について紹介している余裕は今ないが、この点もまた、甲骨研究の最も基幹をなす問題点で、「断代研究例」がそれ以後の甲骨研究の基盤であった以上、前述の綴合問題とともに、『合集』以下の刊行が引き起こし、可能とした成果であるに相違なく、このふたつの研究動向の今後の成果の総括が期待される由縁である。

なお、わが国における甲骨研究としては、右に述べたほか、戦後いち早く、東京大学を中心に「日本甲骨学会」が作られて、雑誌『甲骨学』（創刊号・一九五一年〜第十二号・一九八〇年）が刊行され、甲骨学の泰斗・董作賓氏に「日本人は〝甲骨学会〟をもっているのに、かえって中国人には

まだ無く、たいへん慚愧に堪えない」（『中日文化論集』一九五五年、のち『平盧文集』藝文印書館・一九六三年所収）と嘆かれた。その日本人研究者の成果については、『甲骨文研究日本人著作目録』成家徹郎、大東文化大学人文科学研究所、二〇〇三年三月が、十数年前までの刊行物に限られるが、八百点以上の文献についての詳細な編年目録として紹介されているので、これに譲ることとする。

甲骨研究とは、それ自体が目的であるという以上に、中国最初期の王朝としての政治構造、祭祀、社会、文化の研究や、我々が日常的に用いている漢字の源流を知るため等々、広範な研究分野に貢献することをも併せ目標とするものであるが、今はそれに言及しえなかった。本書では、甲骨研究がそのための基礎条件を営々と積み重ねつつも、一定のゴールにはいまだ遠い現状であることを述べ、今後、益々の進展を期待したい。

# おわりに

私が、この甲骨学にはじめて手を染めたとき、書店の店頭には、

董作賓『甲骨学五十年』台北・藝文印書館、一九五五年（元は一九五〇～五一年に『大陸雑誌』に連載）

が並んでいて、私はこの小さな本によって、はじめて甲骨の概要を学んだ。その半世紀後、

王宇信・楊升南 主編『甲骨学一百年』北京・社会科学文献出版社、一九九九年

の大部の書が刊行されたが、それも早や二十年近く前のこととなった。

私が若かったころのこの史料の研究環境は、いま著しく変わった。『甲骨文合集』刊行前では、一論文作成の資料蒐《あつ》めのためには、百点を超える甲骨著録書をひと通り頭から点検して摹本《ぼほん》を作成する必要上、東京大学東洋文化研究所、文学部中国哲学研究室、東洋文庫だけでは足りず、京都大学人文科学研究所近くに数日宿泊して通わねばならぬなど苦労があった。ましてコピー機はなく、図書館では概してインクの使用が許されないため、鉛筆でトレースして、夜間そのインキングに没頭した。今昔の感に堪えない。

本書は、この甲骨学について、関心のある一般読者に分かりやすく解説した小文を輯《あつ》めて『あじあブックス』の一書とするよう、書肆から求められたのに応じて、とり纏《まと》めてみた書物であるが、改めて全体をみると、甲骨学全般についてバランスのよい紹介になっているわけではない。永い間、論争の種であった「断代研究」(年代決定)や、研究の中心であった殷王室の祭祀やこれに密接に関わった暦法問題などには論及していないし、文字そのものについても言及しているところは少ない。

また、殷墟以外に、一九七七年に陝西省西安近くの西周王室の故地を発掘中に発見されて学界を驚かせた所謂「周原甲骨」(殷末から西周初期にかけて作成された少数の占卜用亀甲細片)についても、触れ得なかった。

本書に収めた諸篇は時間の経過したものが多い。しかし、甲骨学自体は、逐次新資料が増加しつつ変貌していくものの、事柄の性質上、それによってそれ以前の研究が否定されることは少ないので、それぞれの時点で明らかにされてきた事実を、それとして受けとめていただきたいと思う。尨大な研究史を持つだけに、決して万遍なく紹介できたわけではないが、かなり専門性の高い分野であるだけに、いま我々が用いている漢字の祖型たる甲骨文とは何か、甲骨学の現況はどうかについての紹介によって、いささかのお役に立つ場合もあろうかと思っている。

本書を取り纏めるにあたっては、新潟県立大学教授の高久由美さん、大修館書店編集部次長の正木千恵さんに、一方ならぬご尽力をいただいた。記してお礼申し上げる次第である。

二〇一七年五月

松丸道雄

【原載一覧】

＊本書収録にあたり、左記の文章に表記の統一や見出しの付与ほかの編集を加えた。

Ⅰ　甲骨文略説……『甲骨文字』奎星会出版部、一九五九年一〇月

Ⅱ　甲骨文の話……『全書芸』一九九六年四～一二月号・一九九七年二～三月号、全日本書芸文化院（原題　甲骨文のはなし）

Ⅲ　殷人の観念世界……『シンポジウム　中国古文字と殷周文化──甲骨文・金文をめぐって』東方書店（東京）、一九八九年三月

Ⅳ　「甲骨文」における「書体」とは何か……『書道研究』一九八八年一二月号、美術新聞社

Ⅴ　古文字〝解読〟の方法──甲骨文字はなぜ読めたのか……『しにか』第九巻第五号・特集「中国語学入門講座──何を、いかに学ぶか」、大修館書店、一九九八年五月

Ⅵ　甲骨文字のしくみ……『しにか』第一〇巻第四号・特集「甲骨文字の世界──発見一〇〇周年・古代文字への挑戦」、大修館書店、一九九九年四月

Ⅶ　漢字形成期の字形──甲骨文字〝文字域〟についての試論……『しにか』第六巻第五号・特集「〝正しい漢字〟とは何か──漢字の現在・過去・未来」、大修館書店、一九九五年五月

Ⅷ　殷代王室の世系……『世界史の研究』一九六五年第一篇（通巻第四三号）、山川出版社、一九六五年四月

Ⅸ　十二支の「巳」をめぐる奇妙な問題……『樂篆』第六八号、三圭社、二〇一二年一〇月

Ⅹ　漢字起源問題の新展開──山東省鄒平県出土の「丁公陶片」をめぐって……『論集　中国古代の文字と文化』汲古書院、一九九九年八月

Ⅺ　『甲骨文合集』の刊行とその後の研究……書き下ろし、二〇一七年

[著者略歴]
**松丸道雄**（まつまる　みちお）
1934年、東京生まれ。東京大学文学部東洋史学科卒業、同大学院人文科学研究科修士課程修了。東京大学東洋文化研究所教授等を歴任。東京大学名誉教授。甲骨金文学・中国古代史。編著書に『西周青銅器とその国家』（東京大学出版会）、『東京大学東洋文化研究所蔵甲骨文字　図版篇』（東京大学東洋文化研究所、東京大学出版会）、『甲骨文字字釈綜覧』（同、共編）、『世界歴史大系 中国史』全5巻（山川出版社、共編）などがある。

〈あじあブックス〉
甲骨文《こうこつぶん》の話《はなし》

NDC821／vi, 232p／19cm

---

初版第1刷——2017年7月20日

著者——松丸道雄《まつまるみちお》
発行者——鈴木一行
発行所——株式会社大修館書店
〒113-8541 東京都文京区湯島 2-1-1
電話03-3868-2651（販売部）　03-3868-2290（編集部）
振替 00190-7-40504
[出版情報] http://www.taishukan.co.jp

---

装丁——井之上聖子
印刷所——壮光舎印刷
製本所——ブロケード

---

ISBN978-4-469-23319-3　Printed in Japan

アジアの言語・文化・歴史を見つめ直す

## [あじあブックス]

003 三星堆・中国古代文明の謎 ―史実としての『山海経』 徐朝龍著 本体一八〇〇円

004 中国漢字紀行 阿辻哲次著 本体一六〇〇円

005 漢字の民俗誌 丹羽基二著 本体一六〇〇円

007 干支の漢字学 水上静夫著 本体一八〇〇円

012 ヤマト少数民族文化論 工藤隆著 本体一八〇〇円

015 漢字を語る 水上静夫著 本体一八〇〇円

018 漢学者はいかに生きたか ―近代日本と漢学 村山吉廣著 本体一八〇〇円

020 一番大吉! おみくじのフォークロア 中村公一著 本体一九〇〇円

021 中国学の歩み ―二十世紀のシノロジー― 山田利明著 本体一六〇〇円

022 花と木の漢字学 寺井泰明著 本体一八〇〇円

023 星座で読み解く日本神話 勝俣隆著 本体一九〇〇円

032 中国の年画 ―祈りと吉祥の版画 樋田直人著 本体一八〇〇円

033 文物鑑定家が語る 中国書画の世界 史樹青著・大野修作訳 本体一八〇〇円

042 「正史」はいかに書かれてきたか ―中国の歴史書を読み解く 竹内康浩著 本体一五〇〇円

049 アジアの暦 岡田芳朗著 本体一八〇〇円

064 中国の復讐者たち ―ともに天を戴かず 竹内康浩著 本体一六〇〇円

065 環境から解く古代中国 原宗子著 本体一八〇〇円

066 王朝滅亡の予言歌 ―古代中国の童謡 串田久治著 本体一六〇〇円

070 義和団事件風雲録 ―ペリオの見た北京 菊地章太著 本体一六〇〇円

071 雲南の多様な世界 ―歴史・民族・文化 栗原悟著 本体一六〇〇円

072 中国語の歴史 ―ことばの変遷・探究の歩み 大島正二著 本体一九〇〇円

073 中国のお笑い ―伝統話芸“相声”の魅力 戸張東夫著 本体一八〇〇円

074 王莽 ―改革者の孤独 渡邉義浩著 本体一六〇〇円

075 喫茶の歴史 ―茶薬同源をさぐる 岩間眞知子著 本体二〇〇〇円

076 新版 漢方の歴史 ―中国・日本の伝統医学 小曽戸洋著 本体一七〇〇円

077 針灸の歴史 ―悠久の東洋医術 小曽戸洋・天野陽介著 本体一八〇〇円

078 中国 虫の奇聞録 瀬川千秋著 本体一八〇〇円

定価=本体+税